Ein neues Leben –
Depressionen mit himmlischem Vertrauen bewältigen

Patrick Rompf

Ein neues Leben -

Depressionen mit himmlischem Vertrauen bewältigen

Die Bibelstellen sind der Lutherübersetzung in der revidierten Fassung von 1984 entnommen.

Herstellung und Verlag:
BoD – Books on Demand, Norderstedt

ISBN: 978-3-7322-3437-0

Inhaltsverzeichnis

Vorwort

Mit diesem Buch möchte ich Sie auf den Weg in ein sinnvolles und erfülltes Leben einladen; zu einem Leben, welches mit himmlischem Vertrauen signiert ist.

Es soll eine Hilfestellung sein für jeden, der mit Depressionsproblemen belastet ist und seinem Leben wie auch seiner Zukunft düster entgegensieht. Ich werde versuchen, die erforderlichen und gleichzeitig hilfebringenden Maßnahmen zu der von Ihrem Psychologen diagnostizierten Depression mit Ihnen Schritt für Schritt gemeinsam zu begehen. Sie werden erkennen, dass Ihnen diese Initiative einen Grund zur Freude bereiten kann, wenn Sie Gott stets als den obersten Beschützer und vollkommenen Seelsorger Ihres Lebens betrachten. Seine Regie beinhaltet eine Liebe, die unter Garantie niemals scheitert.

Das Wartezimmer der psychotherapeutischen Praxis war bis auf den letzten Platz besetzt. Auf dem Flur warteten bereits schon einige Patienten ungeduldig auf das Aufrufen ihrer Namen.

Das Telefon klingelte permanent. In dieser Praxis herrschte reger Betrieb. Als ich nach einiger Wartezeit an der Reihe war, übergab ich den Überweisungsschein meines Hausarztes der Sprechstundenhilfe mit der Bitte, einen möglichst naheliegenden Termin bei einem der drei Ärzte zu erhalten.

Doch der Hinweis meines Hausarztes bestätigte sich, dass immense Wartezeiten mit großer Wahrscheinlichkeit zu erwarten wären. „Den frühesten Termin können wir Ihnen heute in zwei Monaten anbieten", teilte mir die Arzthelferin freundlich mit. Was blieb mir übrig, als nickend zuzustimmen? Betrübt und frustriert verließ ich die Praxis.

Zu Hause angekommen, realisierte ich erstmals die Diagnose meines Hausarztes: Schwere Depression - ein Burn-Out-Syndrom.

Bei sämtlichen Psychologen in einem Umkreis von circa fünfzig Kilometern meines Wohnortes versuchte ich verzweifelt, einen früheren Behandlungstermin zu erhaschen, doch Wartezeiten zwischen drei und fünf Monaten erwiesen sich als „normal" und zwangen mich zum Aufgeben.

Entsetzt und ohne Hoffnung auf eine Verbesserung meines Gesundheitszustandes schlug ich nun die Zeit in den Räumen unserer Wohnung tot. Meine Frau versuchte mich mit liebevollen und gutgemeinten Worten zu trösten, doch leider vergeblich.

Die Arbeit hatte jahrelang mein komplettes Leben in Beschlag genommen und mein ohnehin schon überschaubarer Freundeskreis war irgendwann in sich zusammengefallen. Meine ehemaligen Freunde unternahmen keinerlei Versuche, mich weiterhin zu kontaktieren, weil ich sowieso keine Zeit hatte und bei nahezu jeder Tages- und Nachtzeit im Büro saß; auch an Samstagen, Sonn- und Feiertagen. Somit blieb jetzt nur unser Kater Harry in meiner Nähe und hörte sich mit stoischer Gelassenheit meine Sorgen an, wenn meine Frau zum Arbeiten das Haus verlassen hatte.

Außer dem Lesen hatte ich keinerlei Freizeitbeschäftigungen. Selbst dieses einzig erhaltene Hobby konnte ich nicht mehr richtig ausüben, denn mein Nervenkostüm war total überlastet. Mein Interesse an allem lag auf dem Nullpunkt. Wie sollte ich die nächsten acht Wochen bis zum ersten Gesprächstermin beim Psychologen überstehen?

Das von meinem Hausarzt verschriebene Medikament stellte mich nur auf begrenzte Zeit in einen etwas ruhigeren Zustand. Fragen über Fragen überhäuften mich. Meine Tätigkeit als Disponent im Transportwesen war der Auslöser dieser psychischen Krankheit. Täglicher Arbeitswahn, der im Durchschnitt vierzehn bis sechzehn Stunden betrug, über einen Zeitraum von weit über zwanzig Jahren, ließ mich nicht lange an der Ursache meiner Krankheit suchen. Ein Jahresurlaub von nur maximal vierzehn Tagen sowie unerträgliche Arbeitszustände erweisen sich ebenfalls nicht als gesundheitsfördernd.

Insgesamt acht Arbeitsplätze meiner „Berufskarriere" verdeutlichten nochmals, dass eine sofortige Beendigung dieser Tätigkeit die garantiert beste Möglichkeit gewesen wäre, meinen Krankheitszustand zu verhindern.

Angefangen von Beleidigungen, körperlichen Angriffen, sowie an die Grenze der Zumutbarkeit zu erledigende Arbeiten lassen einen Menschen völlig verzweifeln.

Ich möchte Sie, liebe Leser, nicht mit meiner Vergangenheit langweilen; dennoch erachte ich es als notwendig, Ihnen so knapp wie möglich die Entwicklung meiner Depression und deren Einkehr in mein Leben zu beschreiben, denn dieser innere Tiefstand verhalf mir letzten Endes, zum wahren Glauben zu finden.

Die vor mir liegenden zwei Monate schienen sich schier unendlich in die Länge zu ziehen. Doch endlich nahte der Tag meines Gesprächstermins beim Psychologen. Als ich ihm in einem rund einstündigen Gespräch meine berufliche Laufbahn schilderte, ließ er keinen Zweifel daran, den sofortigen Antrag auf einen Rehabesuch in einer Klinik zu stellen, der in einem Zeitraum von circa zwei Monaten von der Rentenversicherung anstandslos genehmigt wurde. Innerhalb kürzester Zeit trat ich nun einen sechswöchigen Aufenthalt in einer psychotherapeutischen Klinik an, der mein zukünftiges Leben auf eine geradezu sonderbare Weise verbessern sollte.

Ich kann nur jedem Betroffenen mit bestem Gewissen raten:

Befolgen Sie alles, was Ihnen in einer solchen Klinik von den Ärzten vorgeschrieben wird. Lassen Sie keinen Termin bei Ihrer Behandlung ausfallen und versuchen Sie mit bestem Wissen und Gewissen, auf die Rehamaßnahmen einzugehen, um diese mit Eigeninitiative zu bewältigen. Dann, dessen bin ich mir sicher, werden Sie eine spürbare Veränderung in Ihrem zukünftigen Leben wahrnehmen.

Doch das Einhalten des Gelernten nach dem Klinikaufenthalt erweist sich als eine sehr schwierige Aufgabe; der Alltag und die damit verbunden Herausforderungen dulden keinen Aufschub und wollen gemeistert werden.

Sehr viele Arbeitnehmer sind oftmals hoffnungslos überfordert. Medienberichte und Studien über die steigende Zahl dieser von Depressionen geplagten Menschen erweisen sich als warnend; die Zahl der Betroffenen nimmt täglich rapide zu. Doch wo liegen die Ursachen?

Stellenabbau und Konkurrenzkampf erschweren in zunehmendem Maße den Geschäftsalltag. Gesellige „Helferlein" à la Emails, Handys und I-Phones sorgen für zusätzlichen Stress, denn nun ist man permanent erreichbar. Eine dringende Aufgabe nach der anderen stößt den Menschen an die Grenze der Belastbarkeit. Wie kann man alles bewältigen? Welche Aufgabe soll ich zuerst erledigen – ach, ich bin hoffnungslos überfordert...

So wird leicht erkennbar, dass die im eigentlichen Sinne doch modernen und nicht mehr aus der heutigen Zeit wegzudenkenden Kommunikationsmöglichkeiten den Menschen zusätzlich be-, anstelle ihn zu entlasten. Geradezu alarmierend ist auch der Abbau der Stellen, denn des Öfteren müssen nun die übrig gebliebenen Arbeitnehmer die Aufgaben der nicht mehr vorhandenen Personen ebenfalls bewältigen.

Die Auflistung dieser negativen Beispiele ist schier unendlich.

Aber nicht nur die Arbeit, sondern auch private Probleme können den Menschen an den Rand der Verzweiflung treiben. Doch wie gestaltet sich unser Leben?

Viele Unannehmlichkeiten schleichen sich täglich in unser Dasein und wollen, ja müssen von uns in Eigeninitiative bewältigt werden. Die Liste unserer Sorgen, Nöte und Ängste scheint endlos zu sein. Wenn noch Krankheiten, die oftmals als unheilbar von Ärzten diagnostiziert werden, sich in unser Leben einschleichen, dann fragt man sich, was ist der Sinn des Lebens? Gibt es überhaupt eine Hoffnung, für die es sich ernsthaft zu leben lohnt? Warum muss ich leiden?

Der Brillant der Bücher, die Bibel, gibt uns die Lösung auf unsere Fragen, Ängste, Nöte und Sorgen. Gott gibt den Lesern der Bibel Seine Worte in schriftlicher Form wider. Von Gott berufene Personen schrieben diese Worte der Wohltat, um uns aus dem Sumpf der Verzweiflung zu ziehen - hin zur der Wahrheit, für die es sich stets zu leben lohnt.

Propheten und Apostel, ja sogar der Sohn des Allmächtigen Gottes, Jesus Christus, blieben nicht von Umständen, Qualen und Schmerzen verschont. Aber diese Vorbilder des christlichen Glaubens weisen uns den Umgang und die Überwindung der von Gott gesandten Aufgaben.

Es gibt *keinen* Grund zur Verzweiflung, wenn wir den Glauben aus unserem Herzen einsetzen.

Kapitel I

Bevor ich Sie zu dem eigentlichen Inhalt dieses Buches einlade, bewerten Sie einmal folgende drei überaus wichtige christliche Fragen anhand Ihres Glaubens und beurteilen Sie meine Gedanken über den Glauben selbst, denn oftmals vergessen wir ihren eigentlichen und doch alles entscheidenden Sinn.

Ich bete zu Gott, dass Er meinen Glauben weiterhin in einem unerschütterlichen und disziplinierten Fundament aufbewahrt, auf dass dieser in meiner noch verbleibenden irdischen Existenz nie mehr an Kraft verliert, sondern weiterhin gefördert wird.

1. Bin ich ein Christ?

Mal ehrlich, haben Sie sich diese Frage einmal ernsthaft gestellt?

Ich schon. Es war ungefähr vor einem Jahr, als ich erkennen musste, dass ich zwar getauft und die Konfirmation genossen hatte, mich jedoch lediglich „auf dem Papier" als einen Christen bezeichnen konnte. Ein armseliges Resultat...

Es war jene Zeit, die ich in der Rehaklinik verbrachte. Das Anwendungsprogramm, welches pro Woche von Montag bis Freitag stattfand, ließ mir keine ausreichende Zeit, über mein christliches Leben nachzudenken. Das Wochenende eignete sich hervorragend, um diesen bedeutenden Aspekt genauer zu hinterfragen. Leider benötigte ich deutliche Hinweise, um meine Aufmerksamkeit zu diesem exorbitant wichtigen Thema grundlegend zu revidieren.

Nachdem alle gesundheitlichen Untersuchungen an meiner Person beendet waren, teilte mir die Oberärztin eine schockierende Nachricht mit, die die Basis meines Handelns aus gesundheitlicher sowie aus christlicher Betrachtung erheblich veränderte; denn sie ließ mich wissen: „Sie müssen dringend Ihr Leben total verändern; wenn Sie Ihr Dasein so weiterführen wie bisher, dann haben Sie noch eine Lebenserwartung von maximal anderthalb bis zwei Jahren. Ihr Gesamtzustand erlaubt es

Ihnen nicht, Ihren Beruf weiterhin auszuüben. Auch müssen Sie Stress und Aufregung in Zukunft dringend vermeiden, sonst können wir für nichts garantieren."

Nun erkannte ich erstmals, von welcher Wichtigkeit mein Rehabesuch war. Ein Blutdruck, der nach zweiwöchigem Aufenthalt in Ruhephase mit 180 zu 110 gemessen wurde, wies mich auf eine dringende Veränderung in meinem zukünftigen Leben hin. Alles duldete keinen Aufschub mehr, sondern sofortiges Handeln war nun von immenser Wichtigkeit. Ich musste mein Leben komplett verändern.

Die Aussagen der Ärzte zwangen mich in jeder Hinsicht umzudenken. Ich begann zu begreifen, wie sehr ich alles bisher Erlebte in rauen Maßen übertrieben hatte; jedoch hatte ich eine über alles stehende Maßnahme nahezu völlig missachtet - den Glauben an Gott und Jesus Christus. Nun kam ich zu dem Ergebnis, die Worte Gottes nur nebenbei, also in dringender Notwendigkeit zum Vorschein geholt zu haben, ganz nach dem Motto: „Wenn ich Ihn brauche, dann wird Er mir schon helfen..."

Doch dieses monotone Denken ist keinesfalls christlich oder durchsetzungsfähig, sondern schlichtweg falsch. Ich erfasste schnell, dass ein Mensch einen Halt im Leben benötigt, der von *Dauerhaftigkeit* geprägt ist, der Schutz, Sicherheit und Liebe vermittelt, simpel ausgedrückt: *Ewige Geborgenheit.*

Wer außer Gott und Jesus Christus wäre im Stande, uns dieses Geschenk zu unterbreiten – und wie können Menschen zu diesem Gefühl der ummantelnden Geborgenheit gelangen? Sind etwa nur Probleme, Krankheiten und Hoffnungslosigkeit der Referenzpunkt eines christlichen Lebens?

Zuerst einmal muss uns bewusst werden - Gott existiert. Ohne Ihn gäbe es keine Erde, kein Leben, keine Liebe und keinerlei Hoffnung. Seine Anwesenheit war und bleibt *immer* existent, in Ewigkeit wird sie sich nicht verändern oder gar aufhören zu bestehen. Denn Gott spricht:

Ich bin das A und das O, der Erste und der Letzte, der Anfang und das Ende (Offenbarung 22, Vers 13)

Der Allmächtige ist der Schöpfer von allen Dingen, die wir wahrnehmen. Er ist der Gründer sämtlichen Bestehens, des konsistenten Lebens und die Quelle der unendlichen, niemals vergehenden Liebe. Er liebt die Menschen. Nun sind *wir* gefordert, indem wir unseren Glauben an Gott und Jesus Christus behutsam in deren heilende Hände legen. Gott schickte Seinen geliebten Sohn Jesus zu uns auf die Erde, in dem Er selbst Mensch wurde.

Denn also hat Gott die Welt geliebt, dass er seinen eingeborenen Sohn gab, damit alle, die an ihn glauben, nicht verloren werden, sondern das ewige Leben haben. (Johannes 3, Vers 16)

Jesus Christus ist somit Mensch und Gott zugleich. Er ist unser *Erlöser*, der die Sünden der Welt durch Seinen qualvollen Tod am Kreuz von Golgatha getragen und *uns vergeben hat.* Durch Ihn alleine ist uns der Weg in das Himmelreich geebnet worden, denn Jesus spricht:

Ich bin der Weg und die Wahrheit und das Leben; niemand kommt zum Vater denn durch mich (Johannes 14, Vers 6).

Um zu diesem Eintritt zu gelangen, müssen wir Gläubige unsere irdische Existenz mit der Hilfe unseres Glaubens beweisen. Der Glaube aber ist kein nur zum Vorschein zu holendes Allheilmittel, wenn wir die Zuneigung Gottes an unserer Person benötigen; denn der Glaube und die Liebe zu Gott muss *der Bestandteil, das Wichtigste* in unserem Leben werden. Dieses Wachstum erfordert kontinuierliches Lesen in der Bibel und die Umstellung des eigenen Lebens - hin zu diesen Heiligen Worten. Die Besänftigung, welche uns durch unseren Glauben widerfahren wird, ist einzigartig. Gott und Jesus erkennen nun, dass wir Suchende sind – Suchende nach der einzigen Wahrheit, für die es sich *erstmalig zu leben lohnt.* Doch wer die Liebe und Zuneigung Gottes sucht, dem wird geholfen.

Jesus spricht:

Kommt her zu mir, alle, die ihr mühselig und beladen seid; ich will euch erquicken (Matthäus 11, Vers 28)

Weiterhin können wir unseren Heiland sagen hören:

Wer zu mir kommt, den werde ich nicht hinausstoßen. (Johannes 6, Vers 37)

Welch eine sorgenbefreiende und segensreiche Aussage unseres Herrn! Wer weigert sich nun, an dem Genuss Seiner niemals endenden Liebe zu den Menschen teilzunehmen?

Wenn einem Menschen bewusst wird, im Leben schwere Fehler begangen zu haben, so zwingt ihn der Verstand zum Handeln. Wo befinden sich meine Fehler? Welche Art von Hilfe schafft mir Genugtuung und eine Erleichterung, so dass es sich lohnt, wieder mit Freude und reinem Gewissen ein neues Leben im Hier und Jetzt zu beginnen? Über uns herrscht etwas Höheres. Jemand, der uns helfen kann, neuen Lebensmut und Kraft schenkt, und einen Neuanfang, für den es sich zu leben lohnt – in Befreiung mit der Hilfe göttlicher Zuneigung und Liebe.

Wenn der Nachdenkende zu dieser Einsicht gelangt, so hat er den *alles entscheidenden Schritt* getan, um ein Kind Gottes zu werden. Diese Einsicht ist von zwingender Wichtigkeit, denn Gott und Jesus Christus erkennen unseren Willen, noch bevor wir die Hände falten und beten. Doch dieser von unserem Herzen befohlene Schritt ist der *Eintritt* in ein neues Leben, in dem die Liebe Jesu bei uns wohnen wird. Nun bauen wir ein neues Fundament auf, das sich mit der Hilfe unseres Glaubens festigt. Die Liebe und die neue innerliche Kraft, die wir mit unserem Glauben an Gott und Christus erhalten, ist der Dank Gottes, den Er uns mit dem Heiligen Geist schenkt. Nun wirkt die Kraft und Hilfe Gottes in uns.

Man merkt, wie man selbst sanftmütiger, geduldiger und befreiter in einen neuen Tag hineingeht, wie sehr sich die

Liebe Gottes der eigenen Person zuneigt. Durch diese Bestätigung wächst und gedeiht unser Glaube; das Fundament wird durch unseren Glauben täglich wachsen, hin zu einem unerschütterlichen, prachtvollen Gebäude – stark und unbezwingbar.

Was in Gottes Händen liegt, das kann niemand mehr von Ihm nehmen oder zerstören. Der Suchende ist befreit, denn er hat sich in die Familie der Gläubigen eingereiht!

Man hat das alte, vergängliche und mit reichlich von Fehlern übersäte monotone Leben endlich hinter sich gelassen und blickt nun mit großer Zuversicht in das neue, von Gott geschenkte Leben hinein. Welch eine Freude für jeden Christen!

Niemand, dessen bin ich mir sicher, der den Schritt zu Gott begeht, wird es jemals bereuen, sondern dieser Mensch wird den Glauben von Tag zu Tag *festigen und fördern*, denn die Liebe Gottes erweist sich in jeder Hinsicht als die *bestmögliche* Lebensgestaltung im irdischen Dasein. Plötzlich erkennt man eigene Fehler und versucht, diese zu vermeiden. Man wird nachdenklicher und bezieht sich bei aufkommenden Problemen und Fragen auf die Worte der Bibel. Die Heilige Schrift erteilt uns die Antworten, die wir auf scheinbar unlösbare Fragen benötigen. Und wir werden erkennen, dass unsere Befürchtungen, Ängste und Nöte völlig mit den Worten der Bibel besänftigt werden. Der Inhalt der Heiligen Schrift erteilt uns keine Ratschläge oder Empfehlungen, sondern es sind die *Gesetze Gottes*, nach denen wir unser Leben *ausrichten müssen*, um zur Seligkeit zu gelangen.

Zugegeben, es ist ein harter, schwerer und nicht leicht zu begehender Weg; nach den Worten der Bibel das Leben auszurichten, ist mühselig und oftmals schwierig; es sind die Prüfungen Gottes, die uns *fordern*, Christ zu sein und zu bleiben. Aber nicht nur uns Gläubigen erteilt der Herr diese Aufgaben.

Propheten, Apostel, ja selbst Seinen eigenen Sohn verschonte Er nicht vor schwierigen und kaum überwindbaren Prüfungen. Doch der Glaube und Liebe zu Gott ließ sie nicht wanken oder zweifeln, denn sie erfüllten ihre Aufgaben mit Bravour. Dies sind die wahren Vorbilder, denen wir uns anschließen müssen, um ebenfalls die Prüfungen Gottes zu bestehen, so wie sie es taten. Diesem bedeutenden Thema werde ich in einem der nächsten Kapitel genauere Betrachtung schenken.

Alle Werke Gottes sind unfehlbar. Für mich ist die Bibel das Buch der Makellosigkeit. Sie ist von Wahrheit, Glaube, Liebe und Hoffnung geprägt, die dem Gläubigen Sanftmut vermittelt. Die Heilige Schrift ist ein nicht zu revidierendes Werk Gottes, welches auf Ewigkeit Bestand hat, denn was der Allmächtige entscheidet, ist für immer und ewig entschieden. Gott spricht zu uns in diesem fehlerfreien Werk, welches einen *Ehrenplatz* in jedem Bücherregal erhalten sollte, denn es ist *einmalig und ohne Konkurrenz*. Der Inhalt dieses Brillanten wurde nur von Gott geschliffen und von durch Ihn berufene Personen in schriftlicher Form *fehlerfrei* hinterlegt.

Christ zu sein bedeutet, eine Befreiung in *jeder* Lebenslage zu genießen. Welch ein grandioses Geschenk unterbreitet sich jedem Menschen, der Gott sucht und von Ihm angenommen wird!

2. Glauben heißt nicht wissen?

Es bedarf zweierlei Ansichten, um diesem Thema nähere Betrachtung zu schenken.

Oftmals können wir in einer Unterhaltung recht abrupt bemerken, dass unsere Gesprächspartner sich schnell einem anderen Themenbereich widmen wollen, wenn die Worte „Glaube" oder „Bibel" in den Mittelpunkt des Geschehens Einzug halten.

„Zur Religion oder zum Glauben habe ich keinerlei Verhältnis, glauben heißt nicht wissen", so die Aussage mancher Menschen, welche die Worte Gottes und damit den Glauben strikt ablehnen, ohne permanent die erforderlichen Gedanken zu hinterfragen.

In der Tat, für *diese* Menschen trifft die Aussage zu. Denn wie kann ein Atheist, der sich den Worten Gottes *bewusst* entzieht, die Kraft und die Bestätigung des Glaubens in sich *fühlen* und das Resultat *spürbar wahrnehmen*? Diese Menschen haben sich niemals bemüht, in die Gedankenwelt eines Christen vorzudringen, weil ihr Urteil von vornherein gefällt wurde, welches rigoros lautet: *Ablehnung.*

Diese Ungläubigen besitzen ein stures Einhaltungsprinzip, welches nichts anderes bedeutet als ein Leben ohne Hoffnung und Vertrauen auf Gottes Wort. Daher betrachte ich ihr vorzeitig und leider statisches Urteil als in jeder

Hinsicht vollkommen falsch und fatal. Menschen, die die Worte der Bibel strikt ablehnen, werden *niemals* in den Genuss göttlicher Liebe gelangen.

Denn unser Herr Jesus spricht:

Alle Dinge sind möglich, dem der da glaubt (Markus 9, Vers 23)

Diese Bibelstelle weist uns auf die Heilung eines besessenen Knaben hin. Der Vater dieses Kindes bat Jesus: **Wenn** *du aber etwas kannst, so erbarme dich unser und hilf uns! Jesus aber sprach zu ihm: Du sagst:* **Wenn du kannst – alle Dinge sind möglich, dem der da glaubt.** *Sogleich schrie der Vater des Kindes: Ich* **glaube***; hilf meinem* **Unglauben***! (Markus 9, Vers 22-24)* Jesus wartete auf diese Antwort und heilte den Knaben.

Hier werden wir noch einmal direkt auf die Macht unseres eigenen Glaubens hingewiesen. Denn der Glaube kann Berge versetzen, wenn er von unserem *Herzen ausgeht und ernstlich gemeint ist.*

Es ist eine beruhigende und gleichzeitig voller Hoffnung geprägte Aussage, wenn wir Jesus weiterhin Folgendes sagen hören:

Wer an den Sohn glaubt, der hat das ewige Leben. (Johannes 3, Vers 36)

Die Erfahrung, die ein Gläubiger durch die entstandene Kraft seines Glaubens erhält, ist Seelenbalsam für einen jeden Christen. Die Liebe und das Verständnis Gottes erkennt das Bitten und Flehen eines gläubigen Menschen; und die Kraft durch die Zusendung des Heiligen Geistes wird sich dieser Person *annehmen.*

Das Resümee eines Christen wird nunmehr lauten:

„Nun habe ich die Bestätigung Gottes erhalten. Ich merke, fühle und lebe befreiter in *ewiger Freundschaft mit Gott und Jesus Christus.* Ich habe diese Verbundenheit zwischen Ihnen und mir erfahren, dass *Glaube Wissen bedeutet,* diese Bestätigung will ich *niemals mehr missen,* denn ich kann nie genug von dieser Erkenntnis bekommen."

Ich bin mir bewusst, dass Millionen von Christen diese über Alles erhabene Bilanz mit mir teilen. Menschen können wir nur bedingt trauen; ein jeder von uns wird in üppiger Weise von den Mitmenschen enttäuscht, im Stich gelassen oder schlichtweg belogen. Ich möchte mich nicht aus diesem Personenkreis ausschließen, denn wir alle sind und bleiben nun einmal Sünder. Diese Schuld haftet an uns wie ein Magnet und will niemals richtig weichen. Sie ist eine angeborene Last, die unser irdisches Dasein prägt. Natürlich hat jeder Christ den Willen, dieses Laster hinweg zu drängen, aber ohne unseren Erlöser Jesus Christus wird uns dieses Vorhaben niemals gelingen.

Wir sehen, Gott hat für *alle* Schwächen der irdischen Existenz eine Lösung vorbereitet, auf die wir hoffen und vertrauen können.

Nur mit himmlischem Vertrauen lässt es sich zuversichtlich leben, einer Bindung, zu der wir *ohne Zweifel* hundertprozentiges Vertrauen aufbauen können. Sie ist die *einzige Garantie* eines *christlich erfüllten Lebens,* welche die segensreiche Fürsorge der Liebe Gottes für *immer gewährleistet.*

Da der Glaube als die Grundlage unserer christlichen Existenz angesehen werden muss, bedarf es demzufolge noch weiterer erwähnenswerter Gedankengänge.

Der Glaube an Gott ist zusammen mit dem Gebet der *Beweis,* dass dieser Mensch in die Gemeinschaft Gottes aufgenommen wird. Glauben bedeutet, mit Treue und Vertrauen den Worten Gottes *zu folgen.* Wenn der Mensch diese Treue zu Gott gelobt, dann ist er mit seiner ganzen Person an Ihn *gebunden.*

Somit weist uns der Glaube zum Gehorsam, die Worte der Bibel in uns aufzunehmen, um nach diesen das Leben auszurichten. Der Gläubige erhält den Segen Gottes und seine Art, die Veränderung, sich nach den Worten Gottes zu richten, wird diesem Menschen Genugtuung verschaffen. Denn nun spürt er, dass **das Wichtigste** in seinem Leben die Gemeinschaft mit Gott beinhaltet; einem *Bündnis* zwischen ihm und dem Allmächtigen. Zu dieser Bindung fühlt sich der Gläubige hingezogen. Er will sie niemals mehr *missen,* sondern mehr und mehr *vertiefen,* weil diese Person nun erkannt hat, wie herrlich es ist, mit den Worten Gottes und Seiner ewigen Liebe ein Leben in Geborgenheit mit vollstem Vertrauen zu *spüren und auszuleben.*

Dieser Mensch empfindet das Leben nunmehr als *lebenswert*, ja erstmals spürt er eine *innerliche Befreiung*, die ihn auf den Weg – hin zur *Wahrheit weist.* Diese Verbundenheit besagt, dass Gott und Jesus in seinem Leben Einzug gehalten haben. Er nimmt diese Botschaft in sich auf und dankt dem Herrn für seine barmherzige Hilfe, die Er ihm hat zukommen lassen.

Hoffnung breitet sich nun in diesem Menschen aus. In dieser Person entsteht die Gewissheit: Gott ist bei mir, ich fühle mich in Seiner Nähe sicher und geborgen, denn diese Bestätigung hatte ich vormals *vergeblich gesucht und dennoch nicht gefunden.* Doch noch ein weiteres Eingeständnis kann nun der Gläubige entdecken, welches ihm zuvor fremd war. Die Liebe Gottes wurde durch seinen Glauben in seinem Herzen enthüllt.

Daher ist der Glaube das Empfangen der Liebe des Allmächtigen Gottes. Dieser jedoch beinhaltet nicht nur die *Prägung* unseres irdischen Lebens, sondern der Glaube geht noch weit über das Leben im Hier und Jetzt *hinaus.*

Ein Christ weiß, dass *mit seinem Tod* erst *das wahre Leben beginnt.* Darum wird sein christlich geführtes Dasein mit unausweichlichem Streben ausgerichtet, den Glauben an Gott und Jesus Christus nach bestem Wissen und Gewissen zu gestalten. In diesem Gläubigen entsteht nun die Zuversichtlichkeit, einmal mit seinem Vorhaben in das Reich Gottes einzuziehen. Wer diesen Glauben in seinem Herzen besitzt, kann nunmehr behaupten: *Glauben heißt Wissen!*

Mit welchen Worten sollte man sonst die umhüllende und besänftigende Kraft benennen, die mit dem Geschenk Gottes nun in dieser Person Einzug hält?

Jetzt wird dieser gläubige Mensch Dank seines Glaubens sich der Aussage des Apostel Paulus anschließen, wenn Paulus mit unbeirrbarer Überzeugung spricht:

Christus ist mein Leben und Sterben mein Gewinn (Pilipper 1, Vers 21)

Wie herrlich ist es, die Liebe Gottes zu empfangen und in vollen Zügen zu genießen!

3. Zweifel durch den Glauben überwinden

Wenn das Vertrauen zu Gott im Mittelpunkt des christlichen Lebens einen standfesten und soliden Grundstein besitzt, so genießt der Gläubige ein Dasein in himmlischer Geborgenheit.

Leider gesellen sich äußere Einflüsse als eine Art Störfaktor häufiger in den Tagesablauf eines jeden Menschen; oftmals beeinträchtigen diese Stressoren den Menschen bis hin zu seiner Belastbarkeit oder noch weit darüber hinaus. Nun beginnt selbst der gläubigste Christ zu zweifeln, indem er seinen Glauben und den Schutz Gottes an seiner Person in Frage stellt.

Jedoch sollten diese äußeren Einflüsse *keinesfalls* den Glauben mindern. Wie ich bereits mehrmals erwähnte, blieben Propheten und Apostel, ja selbst der Sohn Gottes, Jesus, nicht von Prüfungen verschont. Auch sie mussten die geforderten Aufgaben Gottes erledigen – und sie meisterten sie auf vorzügliche Weise. Sie betrachteten die Prüfungen *nicht* als Schande, sondern sie *wussten,* dass der Herr *niemals* ungerecht handelt, sondern in jeder Perspektive kristallisierten sich die Entscheidungen Gottes frei von Fehlern.

Auch wir sind gefordert, diese Prüfungen in gleicher Sichtweise zu betrachten, gleichermaßen, wie es die Propheten und Apostel taten.

Wenn wir dieses von ihnen gelebte Dasein näher hinter-fragen, werden wir rasch erkennen, dass sie sich *niemals* aufgaben, denn sie erkannten diese von Gott *gewollten Einflüsse* als ein Zeichen Seines *Willens*. Gott handelt niemals gegen uns, sondern stets für uns. Alles wird sich zum Positiven wenden, wenn wir der göttlichen Regie unbeirrt Folge leisten. Der Allmächtige straft niemanden, der sich als Christ bei Ihm einreiht. Es sind die Gedanken und die Vorhersehung Gottes, uns an *Sein* gewünschtes Ziel zu leiten.

Die Gedanken des Herrn sind in keiner Weise mit den Überlegungen menschlichen Handelns zu vergleichen; sie befinden sich auf einem völlig anderen Level, einer für uns nicht zu begreifenden und nachvollziehbaren Basis. Niemand ist gut, als Gott allein, niemand außer Gott und Jesus Christus ist frei von Fehlern; somit wird Gott sich auch niemals irren.

Seine Entscheidungen sind von Gott beabsichtigt und *tragen zu unserer Hilfe bei*, selbst wenn wir sie nicht als solche betrachten. Wenn wir nun in die Bibel blicken und Jesaja 55, Vers 8 aufschlagen, können wir den Herrn Folgendes sprechen hören:

Denn meine Gedanken sind nicht eure Gedanken, und eure Wege sind nicht meine Wege, spricht der Herr.

Blicken wir doch einmal über zweitausend Jahre zurück und betrachten den Leidensweg Jesu. Der Sohn Gottes wurde gequält, verachtet, angespuckt; ja sogar nahm man Ihm Seinen einzigen Besitz, den Rock, um den die römischen Soldaten das Los warfen. Was für ein Martyrium. Hatte Er jemals etwas Böses getan? Er war der Einzige ohne Sünde, ein fehlerfreies und für uns unerreichbares Vorbild christlichen Lebens. Aber das von Gott gewollte Vorhaben, dass Christus sterben musste, um die Sünden der ganzen Menschheit zu tragen, hilft *einzig und alleine uns, den Menschen*, um überhaupt das Himmelreich erblicken zu können. Eine grausame, jedoch über alles erhabene Entscheidung Gottes für jeden Menschen, der Ihm die Liebe und Zuneigung unbeirrt schenkt. Es ist das wertvollste und größte Geschenk, welches uns der Herr jemals unterbreitet hat.

Unser Herr Jesus spricht:

Und wer nicht sein Kreuz auf sich nimmt und folgt mir nach, der ist meiner nicht wert. (Matthäus 10, Vers 38)

Somit braucht sich ein Christ *niemals* mit dem Gedanken zu befassen, an seinem Glauben zu zweifeln. Wir Christen haben ein gemeinsames Ziel: Christus als unser Vorbild zu bestimmen, um Ihm ähnlich zu werden. Unser Leben ist nie aussichtslos oder gar zwecklos, sondern wir erhalten die von Gott gewollte Veränderung in unserem Dasein, für die wir Ihn im Gebet bitten. Damit wir Jesus ähnlich werden, muss der Allmächtige unser Leben *umgestalten*, um es in ein *neues Format zu korrigieren*. Die göttlichen Vorkehrungen dienen *nur* dazu, uns einen neuen, verbesserten und noch glanzvolleren Lebensweg zu ebnen. Wir erkennen nun, dass die aus unserem Blickwinkel kritisch beurteilten „Bedrückungen" sich *nicht* als solche bewahrheiten.

Gott ist der fehlerfreie Lenker, der uns zu dem konstanten Licht der Wahrheit dirigiert. Sein Wille lässt uns formvollendenter, ruhiger und besinnlicher werden. Wie groß und voller Freude muss nun unsere Dankbarkeit zum Ausdruck kommen, wenn wir Seine erhabenen Wege begehen dürfen. Dies wird uns nun erstmals völlig bewusst. Äußere Einflüsse bleiben einem Kind Gottes fern, denn der Herr sorgt bestens für uns. Auf Ewigkeit wird die Liebe Gottes *niemals* Ihre Effektivität verlieren. Ihre Wirkung jedoch wird uns in geraumer Zukunft intensive und bewunderungswürdige Verbesserungen übermitteln, einem Ergebnis, welches von Gottes wohl überlegter Gnade gesegnet wurde.

Kapitel II

1. Das Problem erkennen

Wenn ein Mensch merkt, dass seine Belastungsgrenze erreicht ist, so besteht dringender Handlungsbedarf an der eigenen Person, um diesen Zustand nicht weiter stillschweigend zu fördern, sondern mit hilfebringenden Maßnahmen schnellstmöglich zu beseitigen.

Gott weist uns den Lebensweg auf eine manchmal für uns Menschen nicht nachvollziehbare Weise, die jedoch nur zu unserem Besten dient. Manchmal, so scheint es, wird uns Seine weise Schirmherrschaft erst nach Monaten oder gar Jahren deutlich bewusst, denn sie ist garantiert immer fehlerfrei. Leider hatte ich viel zu lange diese innere Verbundenheit nicht präsent. Doch meine Krankheit ließ meinen Glauben wachsen – hin zu einem profitablen Ergebnis:

Das Erkennen, dass jemand über uns wacht, der uns tatsächlich liebt und die benötigte Hilfe anbietet. Nur sind wir es, die sich zu diesem Bündnis zwischen Gott und uns bekennen müssen, um dieses autoritäre Ziel zu erreichen. Gott wird uns dieses Streben nicht verweigern; Er wird sich gemeinsam mit Jesus Christus freuen, weitere Kinder in ummantelnder Obhut aufgenommen zu haben.

Da dieses Zusammengehörigkeitsgefühl zu Gott bei mir noch nicht von Harmonie gezeichnet war, prägten somit stets Zweifel mein Dasein, denn aus eigener Erfahrung kann ich Ihnen meine fatalen Fehler einmal näher erläutern - diese manövrierten meinen Gesundheitszustand an den Rand des Zusammenbruchs. Doch nicht nur ich, sondern auch meine Mitmenschen wurden ebenfalls in diesen Sog mit hineininvolviert. Schlechte Laune, Vorwürfe und Lustlosigkeit an jeder Aktivität waren durchschaubare Anzeichen einer bereits stark vorhandenen Depression, die förmlich nach einer Abhilfe schrie. Weder intensives Bitten meiner Frau oder meiner Familie konnten mich dazu veranlassen, den Weg zum Arzt einzuschlagen. Jahrelang lebte ich mit diesem nicht erträglichen Zustand.

Doch endlich nahte der Zeitpunkt, der das Fass überlaufen ließ. Es war mein letzter Urlaubstag. Meine Frau und ich saßen an einem herrlichen Spätsommernachmittag auf einer Bank, als ich in Tränen ausbrach. Ich war völlig mit den Nerven am Ende. Nun erkannte ich erstmals, dass unabdingbare Hilfe von größter Wichtigkeit war und vereinbarte den längst überfälligen Termin bei meinem Hausarzt – nun wies mich Gott auf meine Grenze der menschlichen Belastungsfähigkeit hin - dennoch erkannte ich diese nicht als solche.

Lassen Sie einmal mein fatales Beispiel auf sich wirken und *handeln* Sie, nicht morgen oder nächste Woche, sondern *sofort*, **noch heute!** Probleme werden durch Aufschub niemals verringert, sondern stets gefördert. Spezialisten sind nun bemüht, Ihnen zu helfen - vertrauen Sie voll und ganz auf diese Fachleute. Richten Sie diesen Weg zusammen mit Gott aus; denn wer mit Ihm den Lebensweg begeht, sei er noch so mühselig, der wird eine wesentliche Verbesserung in naher Zukunft erfahren. Der Herr gibt einem Menschen keine größere Last auf, als dieser selbstständig tragen kann. Danken Sie Gott, denn Er will Ihnen ein neues Leben schenken, für welches es sich wieder zu leben lohnt! Er ist der Einzige, der Ihnen dieses gewinnbringende Geschenk offenbaren kann.

2. Der erste Besuch beim Psychologen

Als ich zum ersten Termin zur psychologischen Praxis fuhr, überkamen mich gemischte Gefühle. Alleine beim Anblick der Tafel an der Eingangstür, welche die Aufschrift trug: „Fachärzte für Neurologie und Psychiatrie/Psychotherapie" kamen mir gewisse Bedenken... Diese Ungewissheit bestätigte sich in keiner Weise, denn die anderen Personen, die im Wartezimmer ebenfalls sehnlichst auf das Aufrufen ihrer Namen warteten, waren Menschen wie Du und Ich. Dem Anschein nach „völlig normale Personen", die in etwa mit ähnlichen Problemen belastet waren. Beruhigt setzte ich mich nun neben sie und schon bald hatte ich das erste Gespräch mit meinem Psychologen. Ich freute mich, einen weiteren Gesprächstermin zu bekommen und war mit der Unterhaltung und den mir zugeteilten Ratschlägen sehr zufrieden, denn diese verhalfen, meinen gefühlten körperlichen und seelischen Zustand Schritt für Schritt zu erkennen. Auch gab mir der Psychologe Informationsmaterial anhand eines kleinen Buches über Depressionen zum Lesen mit nach Hause, die in meinem Inneren Hoffnung weckten.

Nun begehen Sie ebenfalls den benötigten Schritt, der Ihnen fachliche Hilfe gewährleistet. Scheuen Sie sich nicht, Ihr Herz von Ihren Sorgen zu befreien, denn *nur* wenn Sie dem Psychologen *alle* Ihre Sorgen, Nöte und Ängste *wahrheitsgemäß* schildern, kann er Ihnen helfend zur Seite stehen. Er wird sich Ihrer Problemen annehmen und Ratschläge geben, um Sie auf einen Weg der Besserung zu führen. Schnell werden sie feststellen, dass diese von Ihnen gewählte Entscheidung die *einzig richtige* war.

Da jedoch meine Depressionen von einem vehementen Umfang belastet waren, wies mich der Psychologe direkt nach dem ersten Gespräch auf einen Rehabesuch hin, indem er mir die benötigten Unterlagen auf einen Antrag mit nach Hause gab, um diese Antragsbögen auszufüllen und sie später an die Rentenversicherung weiterzuleiten, und auf eine schnelle Zusage zu hoffen. In der Tat, die Zusage bestätigte sich innerhalb eines Zeitraums von nur zwei Monaten. Normalerweise, so die Auskunft meines Psychologen, dauerte dieses „Prozedere" etwa fünf bis sechs Monate. Bitte *verzweifeln Sie nicht,* falls Sie eine solch lange Wartezeit in Kauf nehmen müssen, denn in dieser Zeit wird der Facharzt Ihnen mit seiner Betreuung weiterhin helfend zur Seite stehen. Außerdem obliegt es der Beurteilung des Psychologen, ob ein Rehabesuch vonnöten ist.

Wie auch immer sein Entschluss von ihm begründet wird, *vertrauen* Sie ihm und verzweifeln Sie nicht, wie ich es tat, als ich die Formulare ausfüllte und mir bereits *völlig unberechtigte Sorgen* machte, wie sich wohl dieser Rehabesuch gestalten möge. Sorgen oder Ängste vor diesem Aufenthalt sind *ohne* Argumente, denn dort wird für Ihr Wohl gesorgt.

Im nächsten Kapitel werde ich Sie mit auf den Weg nehmen in die von mir besuchte Klinik und Sie werden erkennen, welche Wohltat sich Ihnen dort präsentiert – seien Sie unbesorgt!

Unser Gott hat jeden Menschen nach Seinem Bilde erschaffen. Ob er arm oder reich, von Schicksalen geprägt oder von Freude umgeben ist, Er lässt mit Seiner unendlichen Liebe zu uns immer wieder neues Vertrauen einkehren – ein Christ lebt *stets* in himmlischer Geborgenheit, die ihn beruhigt aufatmen lässt.

3. Der Reha-Aufenthalt

Die Koffer waren gepackt. Der Kleinwagen meiner Frau leistete wie immer seine guten Dienste. Bis an die Belastbarkeitsgrenze bepackt, brachte er uns an diesem Donnerstagmorgen sicher in meine vorübergehende neue Heimat, denn diese Rehateilnahme dauerte sechs Wochen. Ich selbst war nicht dazu in der Lage, mit meinem PKW dieses Ziel anzusteuern – mein Nervenkostüm hätte dieser langen Fahrt nicht standgehalten.

Meine innere Unruhe versuchte ich zu unterdrücken, um meine Frau damit nicht zu konfrontieren. Am frühen Vormittag erreichten wir unser Ziel. Wir betraten die Klinik und an der Anmeldung wurden wir freundlich begrüßt. In einem kleinen Wartezimmer nahmen wir Platz, bis dass eine Dame uns in mein Zimmer begleitete. Meine Frau und ich packten gemeinsam die Koffer aus. Das Zimmer war angenehm groß, wie jedes dort behindertengerecht aufgeteilt, sehr sauber und die Ausstattung auf Drei-Sterne-Niveau.

„Das lässt hoffen", dachte ich mir... Ich sollte auch weiterhin nicht enttäuscht werden - dieser „Wellness-Besuch", denn als solchen empfand ich ihn, erteilte meinem zukünftigen Leben erstmals einen Sinn, ein neues, erfülltes - und das Wichtigste überhaupt - ein mit Gott geführtes Leben aus Überzeugung ausüben zu dürfen.

Am frühen Nachmittag verabschiedete sich meine Frau, um den circa vierstündigen Heimweg in winterlichen Verhältnissen hinter sich zu bringen. Auf eigenen Wunsch bat ich sie, mich nicht während dieser Kur zu besuchen, denn ich wollte mich völlig alleine und in Zurückgezogenheit meinen persönlichen Problemen stellen. Jeder Mensch reagiert auf eine andere Weise; mir jedoch half diese Einstellung vorzüglich. Besuch war in dieser Klinik selbstverständlich gestattet - an Wochenenden bis 22 Uhr.

Am Nachmittag trafen sich die „Neuankömmlinge" gemeinsam in einem Raum, um von der Chefärztin persönlich begrüßt zu werden. Nach kurzer Unterhaltung fand noch ein Rundgang in der Klinik statt.

Außerdem bekam jeder Patient einen Schlüssel für sein persönliches Fach, in das ein Wochenplan gelegt wurde. So konnte man die Behandlungen Tag für Tag verfolgen. Diesen muss man sich wie folgt vorstellen: Er war aufgeteilt in Wochentage und in entsprechende Uhrzeiten, sprich, wann findet welche Behandlung wo statt. Einmal gegen Abend sollte man in sein Fach schauen, denn ab und zu gab es auch einmal eine Abänderung dieses persönlichen Planes. Beruhigend teilte man uns mit, dass immer ein Arzt rund um die Uhr zur Verfügung stehen würde. Auch das Schwesternzimmer war vierundzwanzig Stunden am Tag für die Patienten geöffnet. Wenn man nachts nicht einschlafen konnte, so waren immer Gesprächspartner vor Ort, die den Patienten bei deren Sorgen mit fachlicher Kompetenz beistanden. Gerne erhielt man auf Wunsch einen Beruhigungstee, wenn dieser zum nächtlichen Schlaf beitrug.

Gegen Abend zog ich mich dann in mein Zimmer zurück und war gespannt auf den morgigen Tag.

Ähnlich wird sich auch Ihr erster Tag in einer solchen Klinik gestalten. Es besteht kein Grund zur Aufregung, denn wenn Sie möchten, beginnt auch für Sie ein neues, mit Gott geführtes Leben, welches Sie niemals mehr missen wollen.

Doch bevor Sie mich in den Alltag eines Patienten begleiten, bedarf es der Erwähnung, dass selbstverständlich jede Klinik unterschiedliche Behandlungsmethoden anwendet, um das Kurieren der Patienten zu gewährleisten. Ein Beispiel: Da ich seit meiner Jugend insgesamt zwei Hüftkopfoperationen und mehrere Schulterluxationen (ausgekugelte Schultergelenke) hatte sowie an einer Chlor-Allergie leide, fielen für mich einige Anwendungen, die andere Patienten „genießen" durften, flach. Dazu gehörten der Besuch des hauseigenen Schwimmbades und des Fitness-Studios, die auch außerhalb der festlegten Gruppentherapien auf Wunsch benutzt werden konnten. Allerdings mussten mindestens drei Personen anwesend sein, sodass Hilfe gewährleistet war, falls einem Teilnehmer etwas zustoßen sollte. Dafür verordnete mir meine Ärztin pro Woche zwei Besuche bei der Krankengymnastik, um meinen völlig eingerosteten Bewegungsapparat wieder in Schwung zu bringen.

Auch einzelne Gespräche bei der Ernährungsberatung verhalfen mir, meine Essgewohnheiten drastisch zu ändern, was zu einer erheblichen (und auch erforderlichen!) Gewichtsreduzierung führte.

Anhand meines Beispiels wird deutlich, dass das Behandeln eines jeden Patienten vom zugeteilten Arzt und Psychologen festgelegt werden muss.

So erklärt sich auch der erste Anwendungstag, der mit gesundheitlichen Checks bestückt war. Wiegen, Blutdruckmessung (bei mir täglich), das Messen der Körpergröße, Blutabnahme, EKG, eine ärztliche Untersuchung sowie die erste Visite bei dem mir zugeteilten Psychologen veranlassten nun das Personal, mich, wie jeden anderen Patienten auch, individuell in den Tagesablauf einzugliedern.

Daher ist es ratsam, ärztliche Atteste sowie eventuell vorhandene Röntgenaufnahmen dem Arzt vorzulegen, um die Begutachtung zu unterstützen. Nachdem alle Untersuchungen durchgeführt waren, fand am Nachmittag ein Spaziergang unter der Leitung eines Klinikmitarbeiters mit den Neuankömmlingen statt, der uns mit den Sehenswürdigkeiten und der Umgebung unserer vorübergehenden neuen Heimat vertraut machte.

Somit endete gegen 16 Uhr, wie üblicherweise an den anderen Tagen auch, ein Tag in dieser Klinik. Das Personal war generell sehr nett, zuvorkommend und konnte sich sehr gut in die Situation eines Einzelnen hinein versetzen. Die Zufriedenheit der Patienten untereinander konnte man anhand persönlicher Gespräche sehr schnell bemerken. Ich wage zu behaupten, dass beinahe alle Rehateilnehmer, mit denen ich ins Gespräch kam - und es waren nicht wenige - zu dieser Feststellung gelangten. Nur zwei von mindestens hundert Patienten, mit denen ich mich unterhielt, teilten die Auffassung der Mehrheit nicht. Ihnen war nahezu alles zuwider und ich konnte rasch den Grund ihrer Abneigung gegen sämtliche Anwendungen erfahren: Sie hatten kein Vertrauen und wehrten sich förmlich gegen die hilfebringenden Maßnahmen. Ein für mich nicht nachvollziehbarer Entschluss.

In der Tat, die Rehateilnahme wird *nur* von Erfolg gekrönt sein, wenn der Teilnehmer auch den *Willen einer Verbesserung* in sich trägt. Nur wo ein Wille ist, da gibt es auch einen Weg zur Verbesserung. Diese innere Einstellung *muss vorhanden sein,* um dem zukünftigen Leben mit Freude zu begegnen. Diese Impulsivität ist der Wegweiser für ein neues, erfülltes Leben; denn dann existieren die Sorgen bald nicht mehr in einem solchen Ausmaß – man wird von dieser demütigenden Bedrückung peu à peu befreit!

Gott und Jesus Christus unterstützen uns. Sie wollen uns Hilfe anbieten, die wir mit dem Besuch in einer solchen Klinik von Ihnen erhalten haben. Sie gaben uns den Schlüssel zum Erfolg, darum sollten wir dieses wertvolle Geschenk *nutzen,* um ihn umzudrehen und hinaus zu gehen in ein neues Leben.

Dieser von prägender Wichtigkeit beseelte Gedanke darf uns *niemals* abhandenkommen, sondern muss sich in unseren Herzen *verankern!* Ohne Gott und Jesus Christus ist ein menschliches Dasein nutzlos, denn wir *brauchen* Ihre Unterstützung, heute, morgen und so lange wir leben – erst dann haben wir uns bemüht und können beruhigt auf ein gemeinsames Leben in Ewigkeit mit Ihnen hoffen! Dankbarkeit, von einer solch ummantelnden Wärme umgeben zu sein, ist der Beweis unserer Verbundenheit zu Gott – ein vortreffliches Argument.

Kommen wir zurück in den Klinikalltag, indem wir ihn gemeinsam verbringen. Es erklärt sich von selbst, dass nicht alle von mir genannten Anwendungen an nur einem Tag stattfanden; diese wurden ohne Ausübung von Stressfaktoren vom Klinikpersonal gekonnt verteilt, was generell bedeutete, dass alle Termine von den behandelnden Kräften pünktlich, ohne Wartezeiten, die mehr als fünf Minuten betrugen, durchgeführt wurden – dahinter verbarg sich eine hervorragende Kommunikation. In der Regel standen zwischen vier und sechs Behandlungsmaßnahmen auf meinem Plan, jedoch hatte man zwischen diesen Zeiträumen *immer* ausreichende Zeit, um den darauf folgenden Termin ohne Hektik wahrzunehmen.

Da die Ausübung meines von Stress überfluteten Berufs mir niemals Zeit für sportliche Aktivitäten oder in meinem Fall „Bewegung" wie Spazierengehen Zeit lies, nahm ich nun an fast täglich stattfindenden Spaziergängen teil, die in der Regel rund eine Stunde in Anspruch nahmen. Meine Fitness, falls ich dieses Wort überhaupt in den Sprachgebrauch mit einfügen konnte, verbesserte sich Tag für Tag. Massagen und Heißluftanwendungen versüßten mir die manchmal auftretenden Muskelverspannungen auf vorzügliche Weise. Immerhin nahm ich durch diese Aktivität innerhalb von sechs Wochen fünfzehn Kilo ab, was mein nicht gerade zart auftretendes äußeres Erscheinungsbild zum Positiven verwandelte.

Doch auch die eigentliche Krankheit wurde bestens behandelt, denn psychotherapeutische Einzelgespräche, die in der Regel ein- bis zweimal pro Woche stattfanden, verhalfen mir, Schritt für Schritt meine Depressionsgefühle mehr und mehr in den Hintergrund zu drängen. Weiterhin trugen Schulungsgruppen mit dem Schwerpunkt „Seelische Gesundheit", mittels erwachsenpädagogischer Techniken, in denen Kenntnisse und Fähigkeiten vermittelt und eingeübt wurden, die das zukünftige Leben veränderten, so dass ein Lebensstil mit einer durchaus positiv zu betrachtenden Basis gewährleistet wird, zur Erholung des körperlichen Befindens bei. Dabei handelt es sich ebenso um die Motivation eines gesundheitsgerechten Lebensstils und die Stärkung der gesundheitsbezogenen Eigenverantwortung und der Entscheidungsfähigkeit im Alltagsleben. Themen wie Stress, Stressbewältigung, soziale Kompetenzen, Alltagsdrogen, seelische Schutzfaktoren, gesunder Schlaf, Gefühle und der generelle Umgang mit Ärger waren die Hauptgesprächspunkte dieser Schulungsgruppe (so stand es in meinem Rehabericht). Hier konnte man als Patient nur nickend zustimmen, denn mehr und mehr erkannte man, mit welcher Art von Fehlern das eigene Leben belastet war.

Die Teilnahme an der „Progressiven Muskelentspannung", die ich nahezu täglich besuchte, empfand ich als eine hervorragende und gleichzeitig beruhigende, seelische Heilmethode. Meine ersten Vermutungen bestätigten sich nicht, denn diese Anwendung erweckte in mir den Eindruck, mich nicht persönlich mit dieser Art von Therapie auseinandersetzen zu können. Als jedoch die erste Teilnahme vorüber war, die ich mehr oder weniger mit einem Schmunzeln im Gesicht verließ, musste ich erstaunt feststellen, dass mir gerade dieses Heilverfahren am besten von allen half. Doch warum schmunzelte ich? Als die Therapeutin mit ihren Worten begann, kam es mir vor, als wäre ich irgendwo in einer Traumwelt, die es im eigentlichen Sinne nicht gab – die nicht vorhanden war.

Aber gerade diese Maßnahme beruhigte mich und die anderen Teilnehmer in einem erstaunlichen Ausmaß, ja, diese Therapiestunde war reinster Balsam für die Seele, denn ich freute mich förmlich darauf, dass ich am nächsten Tag wieder an diesem „Wellness-Programm" teilnehmen durfte. Den Ablauf können Sie sich wie folgt vorstellen:

Man saß mit zehn bis fünfzehn Teilnehmern in einem Raum, wo völlige Ruhe herrschte. Alle Stühle rückte man nun an die Wand, um den Kopf an ihr behutsam anzulehnen. Nun nahm man eine entspannte, gerade Sitzposition ein, und vergaß alles um sich herum, um somit eine totale Entspannung vor der beginnenden Übung zu ermöglichen. Dann begann die Therapeutin mit sanften und beruhigenden Worten, die Patienten in eine Phase der Erholung zu leiten. Die Augen sollte man schließen, oder einen festen Punkt in diesem Zimmer anvisieren. In seinem Innern folgte man den Worten der Therapeutin, und man merkte, wie Körper und Muskeln vollkommen entspannten.

Es mag etwas zweifelhaft klingen, jedoch kann ich behaupten, dass mein Gemütszustand nach dieser Teilnahme völlig besänftigt war. Ruhe und Ausgeglichenheit waren die Anzeichen, dass diese Übung eine phantastische Wirkung in mir erzielte.

Noch heute bin ich geradezu davon begeistert, dieses Muskeltraining durchzuführen, denn ich kaufte mir in der Klinik eine CD, um ihren Effekt auch noch zuhause genießen zu dürfen. Seien Sie unbesorgt, es handelt sich hier nicht um eine Hypnose!

Eine ebenfalls nicht zu verachtende Hilfsquelle war die Teilnahme an der Depressionsgruppe. Dort besprach man gemeinsam die Symptome und die Entstehung einer Depression sowie den Aufbau positiver Aktivitäten und die Steigerung sozialer Kompetenzen. Der Unterricht wurde anhand von Rollenspiel-Übungen gestaltet. Jeder konnte sich zu Wort melden und eventuell aufkommende Fragen wurden gemeinsam besprochen und diskutiert.

Auch das Achtsamkeits-Training, an dem ich wöchentlich teilnahm, erzielte seine Wirkung. Es handelt sich hier um ein Schulungsprogramm, das bereits jahrtausend altes Wissen mit einer positiven Wirkung der Stressforschung miteinander verbindet. Atemübungen, Geh-Meditationen, sanftes Yoga, das Beobachten der Gedanken, sowie Gespräche im Rahmen der Gruppenteilnehmer erteilten Möglichkeiten zum Erfahrungsaustausch untereinander, wozu auch die wöchentlich stattfindende Wirbelsäulengymnastik Ihren Anteil beitrug.

Wie ich bereits erwähnte, endeten die Behandlungsmaßnahmen täglich in der Regel um 16 Uhr. Wie konnte man nun den Rest des Tages sinnvoll verbringen? Das richtete sich ganz nach den jeweiligen Interessen. Für nahezu jeden Geschmack bot sich eine Möglichkeit an, die Freizeit alleine oder mit anderen Patienten gemeinsam zu gestalten. Billard, Tischtennis, Computerräume sowie eine hauseigene Bibliothek konnten genutzt werden, um seinem Hobby nachzugehen, oder es vielleicht neu zu entdecken. Auch andere zahlreiche Angebote, die fast täglich an einer Pinnwand bekanntgegeben wurden, konnte man wahrnehmen. Busfahrten in die nächst gelegene Stadt sowie Kino oder Theaterbesuche ließen keinen Grund, das Wort „Langeweile" in den Mund zu nehmen; oder man traf sich mit anderen Klinikteilnehmern zum gemütlichen Zusammensitzen in zahlreichen Sitzecken; vielleicht zog man sich in sein Zimmer zurück, um fernzusehen oder einfach die Seele baumeln zu lassen.

Zahlreiche Gesprächspartner waren immer vorhanden. Schnell entwickelte sich auch eine Art Sympathie zu den Mitpatienten, indem man wie ich zum Beispiel an Samstagabenden gemeinsam in eine Pizzeria fuhr, um dort den Abend zu verbringen. Man war auf Anhieb mit den anderen Patienten „per Du", denn alle hatten identische Probleme, wir saßen sozusagen alle im „gleichen Boot". Auch die Gespräche untereinander verhalfen, diese Krankheit „Depression" näher zu verstehen. Hier war *jeder Mensch gleichwertig*, man wurde nicht schief angesehen und konnte sich *frei* mit diesen Mitpatienten *unterhalten* und über seine eigenen Probleme reden. Selbst die unterschiedlichsten Berufe dieser Teilnehmer führten nicht zu Arroganz. Von Universitätsprofessoren über Geschäftsführer, Tierärzte, Krankenschwestern, Pfleger, Kaufleute, Maler und Waldarbeiter, jeder erdenkliche Beruf wurde von diesen Patienten ausgeübt, doch hier war jeder gleich – *kein Genieren, keine Überheblichkeit* – *wir alle betrachteten uns völlig zurecht als gleichwertig*, ganz anders als in der Welt dort draußen, wo leider immer wieder mit „zweierlei Maß" gemessen wird - eine traurige, jedoch leider realistische Feststellung.

Wenn einem Menschen so viel Gutes widerfährt, wenn man erkennt, dass hilfebringende Vorkehrungen in bisher nie gekannter Weise nun plötzlich im eigenen Leben Einzug halten, so fragt man sich, warum man nicht schon früher dieses Glück genießen durfte. Nun geht man tiefer in sich und entdeckt eine Lücke, die vorher niemals geschlossen wurde. In meinem Fall konnte ich schnell erkennen, dass Gott mir ausreichend erkenntliche Zeichen gegeben hatte, um zu dieser Umkehr zu gelangen, nur war ich es, ja ich ganz allein, der diese hilfebringenden Maßnahmen bewusst ablehnte. Ich gab Gott alleine die Schuld für meine überaus schwerwiegenden Probleme. Diese Einstellung war ganz und gar nicht gerecht, sondern einfach nur fatal und völlig gegen die Hilfe Gottes ausgerichtet. Denn ich wehrte mich gegen Seine dringend benötigte Fürsorge. Gott macht sich Gedanken um uns und will uns helfend zur Seite stehen, nur sind wir gefordert, diese Hilfe anzunehmen und mit unseren Gedanken endlich klare Voraussetzungen Seiner Hilfe zu erkennen. Gott weist einem Gläubigen Seinen weisen Weg, der stets in ein Ziel der Hoffnung gelangt; Er will uns formen und zu einem neuen, befreiten und glücklichen Leben aufrufen. Nur dürfen wir unsere Ohren nicht verschließen, sondern müssen auf unsere innere Stimme hören und Seinem erlösenden Ruf folgen, denn monotones Denken führt ins Abseits – doch die Hilfe Gottes leitet uns zu unserer eigenen Errettung in ein Licht, welches unser Leben verändern wird - Seine Liebe lässt uns niemals im Stich! Wer sich der Liebe Gottes anschmiegt, der wird mit innerlicher Ruhe und Zufriedenheit beschenkt, einem Geschenk, das mehr wert ist als alles andere. Doch zu dieser Erkenntnis gelangte ich erst nach dem Lesen christlicher Bücher und dem aus dem Herzen kommenden Wunsch: „Bitte Herr, sorge Dich um mich, ich habe erkannt, dass Du alleine der Wegweiser für ein zufriedenes Lebens bist." Und Gott wies mich nicht ab, sondern gab mir Seinen Segen und erfüllte meinen sehnlichen Wunsch. Welch ein grandioses Geschenk!

Ich hatte insgesamt acht Bücher mitgenommen, zwei von ihnen waren christliche von Pastor Wolfgang Wegert, deren Inhalt und Worte auf mich eine erstaunliche Wirkung erzielten. Besonders die Wochenenden eigneten sich hervorragend, um diesem wichtigen Thema ausreichende Zeit und Beachtung zu schenken, denn nur alle zwei Wochen fand in einem Saal dieser Klinik eine gesundheitliche Vorlesung statt, die samstagsvormittags von 9 – 11 Uhr durchgeführt wurde. Die zwei Bücher von Pastor Wolfgang Wegert, die ich von meiner Frau zu Weihnachten geschenkt bekommen hatte, öffneten mir die Augen über ein erfülltes Leben mit Gott und ließen meine Einstellung zum christlichen Glauben erstmals in voller Pracht zur Geltung kommen. Es war eben nicht nur das Wohlfühlen, welches das Personal dieser Klinik mir vermittelte, sondern erstmals erkannte ich, dass mich Gott persönlich auf diesen Weg führte – nicht nur um mein Leben wieder auf die richtige Spur zu leiten, sondern um wieder einen Weg zu Ihm zu finden. Diese Erkenntnis zu gewinnen, ist wohl das mit Abstand größte Geschenk überhaupt: Die Erkenntnis, dass Gott und Jesus Christus die Anhaltspunkte eines erfüllten Lebens sein müssen. Nur mit Ihnen kann man einen aussichtsreichen Weg in beiderseitiger Harmonie führen.

Die Zeit in der Klinik verging schneller als erwartet. Nun musste man alles bisher Gelernte in das „neue Leben" umsetzen. Doch dieser Schritt ist nicht immer leicht zu verwirklichen...

4. Aus der Reha entlassen – was nun?

Bereits schon während des Klinikaufenthaltes sprachen die Ärzte und Psychologen mit den Patienten über deren weiteres Berufsleben oder über eine eventuelle Wiedereingliederung in die vorher ausgeübten Berufe. Unter Berücksichtigung aller Eventualitäten gab man den Patienten Ratschläge, die von einem dort vorhandenen Sozialbearbeitungsbüro ausgearbeitet und angeleitet wurden. Patienten, welche schon ein „fortgeschrittenes" Alter aufweisen konnten, hatten gute Chancen, in den Genuss einer vorzeitigen Rente zu gelangen, die sie mit Hilfe der Sozialmitarbeiter beantragten.

Ich war noch zu „jung" für diesen Ausweg, hatte jedoch einen langjährigen Traum, der durchaus in die Realität umgesetzt werden konnte: als selbstständiger Schriftsteller zu arbeiten.

Wie in Kapitel I - „Bin ich ein Christ?" erwähnt, teilte mir die Oberärztin schon nach vierwöchigem Aufenthalt mit, dass ich keinesfalls in meinen ehemaligen Beruf zurückkehren konnte, da meine Diagnose lautete: „Rezidivierende Depression", was bedeutet, dass meine Krankheit definitiv wieder ausbrechen würde, wenn ich mit Stress oder auch nur geringer Aufregung bei beruflichen Tätigkeiten konfrontiert würde. Aufgrund meiner bereits geschilderten körperlichen Gebrechen fielen somit auch handwerkliche Berufe sprichwörtlich ins Wasser. Denn Bücken, Knien, das Gehen auf unebenem Gelände, sowie mehr als drei Kilogramm über Augenhöhe zu heben, wurde mir ebenfalls strikt untersagt.

Nun sprach ich mit der Oberärztin über meine Vorstellung, als Schriftsteller tätig zu werden und erzählte ihr, dass das Lesen mein einziges Hobby wäre und ich mir demzufolge durchaus vorstellen könnte, den Beruf als Autor auszuüben. Die Ärztin war vom meinem Vorschlag beeindruckt und riet mir, dieses Ziel zu verwirklichen, denn:

Ich konnte ohne äußerliche Stressfaktoren mein angestrebtes Berufsziel selbstständig ausüben, mit einer sitzenden Tätigkeit, ohne folglich „Hektik und Stress" auf mich einwirken zu lassen. Außerdem fielen die anderen mit Bedenken erwähnten Aspekte der Ärzte und Therapeuten nahezu flach – die Gefahr einer rückwirkenden Depression wurde als minimiert eingestuft. So veranlasste die Oberärztin einen Termin bei einer Sozialmitarbeiterin, um einen LTA-Antrag (Leistungen zur Teilhabe am Arbeitsleben) zu stellen.

Am vorletzten Tag des Klinikaufenthalts fand noch einmal ein letztes Gespräch mit der Oberärztin statt und man erhielt einen Kurzentlassungsbericht. Ein alles beinhaltender, ausführlicher Bericht über den gesamten Rehaverlauf nahm noch einmal circa zwei bis vier Wochen in Anspruch und wurde dann sowohl auf Wunsch dem Patienten selbst, als auch den weiterbehandelnden Ärzten per Post zugesandt.

Direkt am nächsten Tag nach der Entlassung hatte ich einen Termin bei meinem Hausarzt, dem ich nun meinen

Kurz-Entlassungsbericht übergab. Mein Hausarzt folgerte „berufsunfähig" - und füllte den Auszahlungsschein der Krankenkasse aus.

Mein persönliches Fazit:

Diesen von Gott geschenkten Weg, meine Depression in dieser Klinik behandeln zu lassen, erachte ich als die größte Dankbarkeit, die mir jemals in meinem Leben widerfahren ist.

Ohne diesen bedeutenden und gleichzeitig mehr als erforderlichen Schritt hätte sich mein irdisches Dasein bald dem Ende zugeneigt. Ich danke dem Herrn, dass mein Herz nun voll und ganz Ihm gehört, dass Er mir die Gnade gab, zu verstehen und zu begreifen, dass ein Leben ohne Seine Barmherzigkeit völlig irrelevant und sinnlos ist. Seinem weisen Weg zu folgen und das christliche Leben als die oberste Priorität nach den Worten der Bibel zu gestalten, sind fortan meine relevanten Lebensziele. Ich bete zu Gott, dass Er meine Bitte erhört, so dass sich eine Liebe zu ihm entfalten möge, die niemals scheitert, sondern durch Seine Anwesenheit weiterhin konstant in mir erhalten bleibt. Möge dieser Schatz des Glaubens auch in Ihrem Leben Wirklichkeit werden, das wünsche ich Ihnen von ganzem Herzen!

5. Ein neues Leben aufbauen

In jedem Fall jedoch sollten Sie *niemals* das Gelernte aus dem Rehaufenthalt vergessen. Denken Sie immer daran, welchen immens positiven Einfluss diese Zeit auf Sie ausgeübt hat.

Die Entlassung aus der Rehaklinik führt Sie in das neue zukünftige Leben hinein. Nun sind Sie aufgefordert, Ihr Leben wieder selbstständig, vielleicht auch mit Hilfe von Freunden, Familienangehörigen oder dem Ehepartner in eine für Sie persönlich angemessene und Ihren Ansprüchen gerechte Zukunft zu lenken. Die Umsetzung dieses Vorhabens bedarf einiger Anstrengungen; jedoch ist dieser Schritt von *allerhöchster Bedeutung*. Vergessen Sie *niemals*, dass Gott Sie persönlich auf diesen Weg der Besserung geleitet hat, denn der Herr wird Sie auch weiterhin mit der benötigten Kraft beschenken, das angestrebte neue Lebensziel zu erreichen.

Und danken Sie Gott für Seine Barmherzigkeit, denn Seine Liebe zu Ihnen ist konstant vorhanden. Seien sich dessen stets gewiss, dass Ihr Glaube Sie zu diesem Ziel führen wird! Wer diesen Glauben in seinem Herzen trägt, der wird Schritt für Schritt *immun* gegen äußere Einflüsse und gewinnt nun täglich an dringend benötigtem Selbstvertrauen.

Selbstwertgefühl ist folglich nicht als eine Art „Arroganz" zu betrachten, denn *jeder* Mensch ist in den Augen Gottes gleich viel wert.

Gott will, dass wir wieder Freude an unserem Leben erhalten. Wenn wir Ihm unser vollstes Vertrauen reichen, so wird Er uns in ein erfülltes, neues Dasein lenken, für welches es sich endlich wieder zu leben lohnt. Gott hat auch Sie mit einem gesunden Verstand beschenkt, nutzen Sie ihn und lassen Sie diesen in Ihrem Inneren wirken und zur Geltung kommen! Für einen wahren Christen *existiert das Wort Verzweiflung nicht* – streichen Sie es aus Ihrem Vokabular!

Wer das Leben verantwortungsvoll in den Schutz der Hände Gottes legt, wird *immer* eine Lösung finden, völlig unabhängig, welchen Grad der Schwierigkeit sie auch immer beinhalten mag!

Gott als die oberste Priorität zu betrachten, bedeutet, mit unaufhörlichem Schutz und Sicherheit durch das Leben zu gehen.

6. Depression durch den Verlust eines geliebten Menschen

Nicht nur berufliche Schwierigkeiten, sondern auch private Probleme können einen Menschen in die Depression getrieben haben. Das mit Abstand größte davon ist die Trauer um einen geliebten Menschen.

Jeder Mensch ist einzigartig und kann nun nicht mehr das Leben mit uns teilen. Ein Verlust, wie er nicht größer sein könnte, muss von den Trauernden erst einmal bewältigt werden. Dieser Schritt prägt das Leiden, denn man kann einen geliebten Menschen nicht einfach aus den Gedanken hinausstoßen. Er war ein Teil von uns und wird auch in Zukunft niemals aus unserer Erinnerung weichen. Leider bleibt es niemandem erspart, sich dieser Konfrontation zu stellen, denn wir alle müssen einmal diese irdische Existenz verlassen und sterben.

Im Jahr 2011 starben innerhalb von nur dreieinhalb Monaten mein Schwager und mein Vater. Meine Schwägerin sowie meine Mutter haben selbst nach knappen zwei Jahren den Verlust ihrer Ehepartner noch nicht überwunden und trauern noch heute. Doch nicht nur die Ehepartner, sondern auch die Kinder und engsten Angehörigen können das Fehlen eines geliebten Menschen oftmals nur weinend hinnehmen.

Jeder Mensch verkraftet den Tod eines Angehörigen auf eine andere Art und Weise, doch das Leiden zehrt an der körperlichen und seelischen Substanz. Leider kann man die Zeit mit dem geliebten Menschen nicht mehr zurückholen, sondern die Zukunft fordert uns immer wieder dazu auf, nun ohne diesen Menschen den von Gott gewiesenen Weg zu begehen. Manchmal, so scheint es, können wir die Entscheidungen Gottes nicht nachvollziehen.

Wir versuchen vergebens, ihnen einen Sinn zu entlocken – und scheitern. Auch wenn unsere Gesellschaft einen noch nie dagewesenen Fortschritt an Technik, Wissen und Forschung bietet, so ist es ihr versagt, uns auf diese sehnlichst erwünschte Frage zu antworten, denn niemand kann sich auch nur ansatzweise in die Gedanken des Allmächtigen hineinversetzen.

Zugegeben, ein schwacher Trost. Doch als gläubige Christen wissen wir, dass Gott niemals einen Fehler begeht. Garantiert auch nicht beim Tod eines geliebten Menschen.

Sein wohldurchdachtes Handeln ist mit menschlichem Wissen niemals zu erfassen. Er wird auch dem Trauernden helfend zur Seite stehen. Wer einen standfesten, aus dem Herzen kommenden Glauben sein eigen nennt, der kann nun mit festem Wissen behaupten, dass, ob er leben oder sterben möge, Gott immer in seiner Nähe sein wird. Eine Trennung von der Liebe des Allmächtigen kann nur der Mensch durch das Versagen seines eigenen Glaubens bewirken. Die Bibel erteilt uns in jeder Lebenssituation hilfebringende Maßnahmen, um die Worte Gottes in uns wirken zu lassen. Wenn wir nun die Bibel aufschlagen und lesen folgende Bibelstelle in Philipper 1,

Vers 21 als der große Apostel Paulus folgende aus seinem Glauben entstandenen Worte spricht:

Denn Christus ist mein Leben, und Sterben ist mein Gewinn.

Es ist das größte Geschenk, dass Gott uns dieses Wissen vermitteln kann. Der Mensch ist nun gefordert, seinen Glauben zu vertiefen, sodass die Worte des Apostel Paulus in gleicher Weise in ihm wirken. Wer diesen unerschütterlichen Glauben in sich trägt, der hat einen großen Schritt in Richtung Himmelreich begangen. Nun können wir erahnen, was Paulus aus tiefstem Herzen meint, wenn er Folgendes spricht:

Nun aber bleiben Glaube, Hoffnung, Liebe, diese drei; aber die Liebe ist die größte unter Ihnen (1.Korinther 13, Vers 13)

Der Psychologe oder die Rehaklinik hat dem Trauernden geholfen, wieder ins Leben zurückzufinden. Und das Vertrauen zu Gott wird der zukünftige *Wegweiser* sein, das Leben ohne den geliebten, verstorbenen Menschen zu meistern. Dieses Vertrauen wird dem Trauernden helfen, für sich eine neue Zukunftsperspektive zu finden und sich demzufolge dem Alltagsleben erneut mit der Hilfe Gottes zu stellen.

7. Weiterhin Geld verdienen

Geld regiert die Welt – ein altes Sprichwort. Leider müssen wir feststellen, dass Geld notwendig ist, um zu überleben. In Bezug auf das neue Leben nach einem Klinikaufenthalt fordert uns die Frage nach dem Geld – und wie es weiterhin verdient werden kann und soll - zum wohlüberlegten Handeln auf.

Der Entlassungsbericht der Klinik erteilt uns Auskunft, in welcher Art wir unser Leben zukünftig gestalten sollen, um nicht wieder in unser altes Verhaltensmuster zurückzufallen.

Die (ehemaligen) Depressionspatienten hatten vor dem Reha-Aufenthalt ein niedriges oder durchschnittliches Gehalt, andere wiederum waren Gut- und Top-Verdiener. Aber wenn man die Ratschläge der Klinik ernst nimmt – und handelt nach diesen personifizierten Argumentationen - steht man oft neuen, unbekannten Aspekten gegenüber.

Die Resonanz des Klinikberichtes sowie das Besprechen Ihrer weiteren beruflichen Laufbahn mit den Ärzten und Psychologen erweist sich als hilfreich und fördernd für den beruflichen Werdegang. Ihr Leben kann sich nur noch verbessern, denn das alte, monotone und krankheitsfördernde Denken haben Sie nun endlich hinter sich gelassen. Das auch weiterhin durchzuhalten, erfordert

Geduld, doch mit Willenskraft und Zuversicht werden Sie es schaffen.

Doch sollte man sich tunlichst zu diesem Ziel entscheiden und ihm keinesfalls mit Sturheit entgegentreten, sonst schnappt die alte Falle wieder einmal nach alter Manier zu – hin zu monotonem Denken – *Vorsicht!*

Im nächsten Kapitel gehe ich auf die unterschiedlichen Optionen ein, die sich einem aus der Reha entlassenen Patienten bieten können.

Kapitel III

1. Die Rente

Viele unter uns sehen diese Entscheidung als befreiend an, andere betrachten sie kritisch.

Jahrelange Tätigkeiten werden nun abrupt endgültig beendet. Es ist keinesfalls einfach, sich damit zu konfrontieren; jedoch sollten Sie Ihre innere Stimme befragen, und Sie werden feststellen, dass Ihnen diese Maßnahme ein zukünftiges Leben ohne die bekannten Stressfaktoren und Belastungen ermöglichen kann.

Auch als Rentner braucht man einen geregelten Tagesablauf und eine Aufgabe.

Ein kleiner Tip:

Vielleicht nutzen Sie die neu gewonnene Freizeit, um sich ehrenamtlich zu engagieren oder ein Hobby (neu) zu entdecken.

Jetzt haben Sie auch die Gelegenheit, sich intensiver mit dem Wort Gottes zu beschäftigen als zu Zeiten Ihrer Berufstätigkeit. Sie haben Zeit, sich mit anderen Gläubigen auszutauschen und Ihr Wissen Tag für Tag zu vertiefen. Diesem Thema schenkt man niemals zu viel Beachtung!

Als ehemaliger Gering- oder Normalverdiener wird Sie die zukünftige Rente dazu zwingen, Ihre Lebensgewohnheiten anzupassen – und das erst recht, wenn Sie aufgrund Ihrer Krankheit frühzeitig Ihre Berufstätigkeit einstellen müssen. Denn was „damals" vielleicht noch im Rahmen des Möglichen lag, können Sie sich in Zukunft nur noch bedingt oder gar nicht mehr leisten. Wie kann man ein bereits schon geringes Einkommen nochmals kompensieren, wenn das frühere Gehalt nur für das Notwendigste ausreichte? Wo kann man mit Hilfe eines „spitzen Bleistiftes" überhaupt noch sparen? Ist das weitere Leben in dieser Form noch lebenswert?

Es findet sich immer ein Weg, der eine Lösung bereithält. Das Leben ist ein Geschenk Gottes. Demzufolge ist es *immer lebenswert* und *keinesfalls aussichtslos!* Ihre Gesundheit steht nun an erster Stelle, Ihr Wohlergehen ist es, auf welches Sie achten sollten.

Zugegeben, bei Menschen mit einem guten Einkommen fallen diese Fragen nicht so sehr ins Gewicht, da sie sicherlich einen Teil ihres Einkommens sparen konnten und auch als Rentner über ein ausreichend gefülltes Portemonnaie verfügen. Menschen, die es gewohnt sind, ihren Lebensstandard zu befriedigen, können sich nur selten in die Person eines Geringverdieners hinein versetzen. Dieser ist gezwungen, auf sein verfügbares Geld zu achten und freut sich im Gegensatz zum Wohlhabenden, ein Produkt erlangt zu haben, selbst wenn längeres Sparen dieses Ziel erst verwirklichte. Doch Geld allein macht nicht glücklich! Bei näherer Betrachtung wird uns das allzu deutlich.

Ziehen wir doch einmal die Worte der Bibel hinzu.

Prompt können wir anhand einiger Beispiele erkennen, dass selbst das marginal vorhandene Einkommen, falls dies überhaupt vorhanden war, keinerlei Einfluss auf den Gemütszustand dieser Personen hervorrief.

Man war glücklich und zufrieden, denn man wusste, dass Gott – *egal, wie* die Gemütsverfassung einen jeden unter ihnen berührte - das Leben mit Hilfe und obligatorischer Unterstützung lenkte. Dieses Wissen *befreite* diese Menschen von jeglichen Fragen. Glück und Zufriedenheit waren durch deren unnachgiebigen Glauben gewährleistet. Wenn Hilfe benötigt wurde, gab der Allmächtige Gott Seinen weisen Beistand. Wird Er Ihnen diese Hilfe verweigern, wenn Sie Ihn inständig darum bitten?

Mose führte das Volk Israel aus der Knechtschaft des Pharaos durch die Wüste. Auch er hinterfragte, wie ihm diese von Gott zugeteilte Aufgabe wohl gelingen würde; aber Gott machte Mose zu Seinem Werkzeug, so dass er die Kraft und die Macht hatte, das Volk bis vor die Türen des Gelobten Landes zu führen. Durch Moses Hand teilte Gott das Meer und gab dem Volk Wasser in der Wüste, Er ließ Manna regnen und versorgte das Volk mit Fleisch, indem er ihm Wachteln zu essen gab. *Bei Gott ist nichts unmöglich!*

Hiob war ein von Krankheit gezeichneter Mann, doch gab er seinen Glauben nicht auf.

Apostel wie die Jünger Jesu verfügten nicht über Geld, doch Gott hat sie ernährt und dafür gesorgt, dass sie ihre Aufgabe erfüllen konnten.

Paulus war stets guten Mutes, ob er zu essen hatte oder hungern musste, stets war er darauf bedacht, dass Gott ihn niemals verlassen würde, so dass auch er sein von Gott bestimmtes Ziel ohne jegliche Zweifel erreichen konnte.

Jesus besaß nur einen Rock, um den selbst die Soldaten noch das Los warfen, es war Sein einziger Besitz, denn über Geld verfügte auch Er nicht.

Sie alle hatten Nichts – und doch hatten sie Alles!

Diese kleine Aufzählung biblischer Elemente sollte einen gottesfürchtigen Christen zum Aufhorchen bewegen. Der Glaube ist ein zutreffendes Argument, *stets* in himmlischer Verbundenheit mit Gott und Jesus Christus zu sein. Wer diesen Glauben in sich trägt, der wird auch besänftigt, kommt zur Ruhe und zu einer Art Gelassenheit, denn Sorgen braucht sich ein Christ mit dieser Geborgenheit niemals zu machen.

Wer sorgt für uns, wenn nicht Gott? Für einen gläubigen Christen existiert das Wort „Ratlosigkeit" nicht, und wenn dieses Wort erneut in unseren Gedanken zum Vorschein kommt, wird es mit unserem aus dem Herzen kommenden Glauben wieder einmal ausgelöscht. Es ist ein grandioses Gefühl, sein Leben in himmlischem Vertrauen genießen zu dürfen.

2. Die Wiedereingliederung

Die Wiedereingliederung erfordert gründliches vorheriges Eruieren und Nachdenken. Zuerst sollte man sich folgende Fragen stellen:

- Wo lag der Grund meiner Depression?

- Ist die Firma, das Personal, die Arbeitszeiten, der Chef oder bin ich selbst der Auslöser meiner Depression gewesen?

- Hat es Sinn, sich mit dem Chef vernünftig und angemessen zu unterhalten, oder zeigt er keinerlei Einsicht?

- Wie sind die Aussichten, Stressfaktoren und Überstunden zu meiden?

- Bringt mich diese Firma erneut in meinen alten Gemütszustand zurück, oder kann ich mit neuem Selbstwertgefühl dort weiterhin arbeiten?

Nun, diese Fragen können nur von Ihnen in Eigenregie beantwortet werden, denn niemand kennt die Umstände so gut wie Sie selbst.

Doch behandeln Sie jede eventuell aufkommende Frage mit äußerster Disziplin und keinesfalls lapidar. Mit einem von mir verfolgten und in Realität erlebten Beispiel möchte ich Sie auf die Wichtigkeit warnend hinweisen:

Alles geschah an einem von mir besuchten Arbeitsplatz. Ein noch sehr junger Arbeitskollege, der jedoch schon seit einigen Jahren zu unserem „Team" zählte, erkrankte auf eine sonderbare Art und Weise. Man konnte förmlich zusehen, wie stark sein Leiden ihn an der Arbeit hinderte. Er magerte auf eine geradezu rapide Art ab. Seine Idealfigur änderte sich rasch in die eines Unterernährten, so dass er bei einer Körpergröße von knapp 1,70 m noch ein Gewicht von unter 50 Kilo aufweisen konnte. Appetitlosigkeit war nur das erste Anzeichen seiner Erkrankung, die sich rasant in weitere körperliche Gebrechen ausdehnte. In Folge dessen war ihm bereits das tägliche Arbeiten am Schreibtisch nahezu unmöglich; auch sein Bewegungsapparat glich dem eines Greises, denn nur noch mit Mühe und unter Qualen konnte er sich nunmehr im „Zeitlupentempo" bewegen. Man litt förmlich mit ihm und alle Kollegen sahen, dass er dringend Hilfe benötigte. Nach einiger Zeit ging dieser angeschlagene junge Mann nun erstmals zum Hausarzt, um ihm von seinen Leiden zu berichten. Unzählige Untersuchungen brachten keine Diagnose und unter identischen Schmerzen setzte er weiterhin seinen Dienst im Büro fort. Sein Leiden war ihm ins Gesicht geschrieben, ohne Hoffnung auf Besserung.

Zwei Wochen später ging er nochmals zu seinem Hausarzt und bestand auf weitere Hilfe, bis ihm der Arzt einen sofortigen Termin beim Psychologen vereinbarte. Nach nur einem Gespräch erkannte dieser, dass eine Depression Auslöser der körperlichen Beschwerden war und überwies meinen Kollegen sofort in ein nahegelegenes Krankenhaus, welches auch über eine psychiatrische Abteilung verfügte.

Dieser Aufenthalt dauerte circa drei Wochen. Auch nach der Entlassung wurde mein Kollege noch wochenlang „aus dem Verkehr gezogen", um sein Nervenkostüm wieder auf einen „akzeptablen" Stand zu bringen.

Doch nun beging er einen schwerwiegenden Fehler, denn er kehrte nach dem Klinikaufenthalt wieder zurück zu seinem alten Arbeitsplatz. Und es sollte sich herausstellen, dass die gleichen, unerträglichen Arbeitszeiten wiederholt ohne Rücksichtnahme des Chefs in den Alltag Einzug hielten.

Die sechswöchige Wiedereingliederung im Rhythmus von drei-, vier- und sechsstündigen Arbeitstagen hielt der Chef für notwendig. Als jedoch diese „Ruhephase" vorüber war, begann der alte Trott von vorne; mein Kollege „genoss" nun wie bereits gewohnt die weiterhin verlangten, inakzeptablen Überstunden und den permanenten Stress, gleich wie seine anderen Kollegen auch. Nun sah er keinen anderen Ausweg, als schnellstmöglich nach einem anderen, ruhigeren Arbeitsplatz Ausschau zu halten – und schließlich hatte er tatsächlich bald einen neuen gefunden, wo er letzten Endes auch seinen Beruf mit Glück und Zufriedenheit ausüben durfte. Trotz eines vernünftigen und aufklärenden Gespräches zwischen ihm und unserem Chef war es für diesen selbstverständlich, an seinen indiskutablen Arbeitszeiten - ohne Rücksichtnahme auf jegliche Verluste - festzuhalten.

Einige Wochen vergingen, als sich mein ehemaliger Kollege telefonisch bei mir meldete. Seine Stimme klang hoffnungsvoll und insgesamt war er sehr glücklich, dass diese Wende in seinem Leben stattgefunden hatte. „Es war aber auch allerhöchste Zeit, dass ich diesen neuen Arbeitsplatz bekomme", teilte er mir mit - „glaube mir, wenn ich noch zwei weitere Wochen diesem Wahnsinn ausgesetzt gewesen wäre, dann hätte mein Leiden wieder von vorne angefangen, davon bin ich absolut überzeugt."

Dieses Beispiel ist schlichtweg erschreckend, weist jedoch auf die Gefahren hin, auf die man bei einer unüberlegten Entscheidung treffen kann.

Jeder, der mit gesundem Menschenverstand beschenkt wurde, kann mir nur noch nickend zustimmen, wenn ich behaupte, dass eine sofortige Kündigung in einem solchen Fall die einzig zu betrachtende Lösung ist. Als ein „ehemaliger", von Depression befallener Mensch sieht man nun ein, dass fatale Fehler dringend in Zukunft vermieden werden müssen, um nicht nochmals in einen Sumpf der Trostlosigkeit zu fallen. Sicherlich ist es in einem solchen Falle nicht einfach, einen neuen, angemessenen Arbeitsplatz zu finden – aber bald wird man erkennen, dass sich bei der Erfüllung der Suche und bei der neuen Tätigkeit eine Verbesserung einstellt, was wiederum bestätigt, dass dieser Schritt von dringender Unabdingbarkeit geprägt war.

Es ist der Wille Gottes, dass wir weiterhin glücklich und zufrieden durch das Leben gehen; Seine helfenden Maßnahmen werden uns zu unserem sehnlichst gewünschten Ziel führen.

Dass jedoch nicht alle Wiedereingliederungsmaßnahmen auf diese Art und Weise enden müssen, zeigt das Beispiel meines Mitpatienten aus der Rehaklinik.

Er übte den Beruf eines Betreuers in einer Behindertenwerkstatt aus. Doch die Nerven lagen bei ihm völlig blank; der Umgang und die Behandlung der geistig behinderten Menschen, die ihn sogar körperlich angriffen, lösten bei ihm eine Depression aus. Zuhause abschalten konnte er so gut wie nie. Aber er liebte seinen Beruf und wollte unbedingt wieder in diesen zurückkehren. Die meisten Sorgen bereiteten ihm allerdings die Gespräche mit seinem Chef, denn die Arbeit, die er früher ausübte, konnte nun in Zukunft in der altgewohnten Art nicht mehr getätigt werden. Nach mehrmaliger Unterhaltung zweifelte er noch immer an der Einsicht seines Chefs, ob dieser wohl das nötige Verständnis aufbringen würde, sodass er mit dem erforderlichen Selbstvertrauen, welches er gegen Ende dieser Kur mehr und mehr gewann, einem „Neuanfang" mit Hoffnung entgegen sehen könnte.

Vier Wochen vergingen, als ich einen Anruf von ihm erhielt: „Ich habe mit meinem Chef über meine Probleme gesprochen", teilte er mir mit, „und er schenkte mir das dringend benötigte Vertrauen und die Einsicht, dass ich nun weiterhin mit Engagement in einer anderen Gruppe von Behinderten meine Tätigkeit mit großer Freude ausüben darf. Dieses Gespräch war sehr hilfreich und überaus wichtig für mich."

Dieses Verständnis ist von beachtlicher Bedeutung und wegweisend für Ihre zukünftige Tätigkeit – Ihr zukünftiges Leben. Es ist die Voraussetzung Ihrer Zufriedenheit.

Außerdem ist darauf zu achten, dass die Arbeit dort bleibt, wo sie im eigentlichen Sinne hingehört: Auf dem Arbeitsplatz. Wenn Sie nach Feierabend die Tür hinter sich schließen, so lassen Sie weitere Gedanken, die sich auf Ihre Arbeit beziehen, am Arbeitsplatz! Schließen Sie diese mit ein, bis Sie wieder zum Arbeitsplatz zurückkehren und freuen Sie sich auf den wohl verdienten Feierabend! Heute ist heute und morgen ist morgen, denn jeder Tag hat seinen eigenen Charakter!

Wie die Bewertung eines christlich erfüllten Lebens sich gestalten kann, möchte ich anhand meines Mitpatienten noch einmal verdeutlichen.

Das Wichtigste - mein Mitpatient war ein gottesfürchtiger Mann. Da in dieser Klinik jeder Einzelne offen und frei aus der Seele heraus mit seinem Gegenüber sprechen konnte, erzählten wir uns sehr viel aus unserem Leben. Viele nahezu unfassbare Probleme gesellten sich in sein irdisches Dasein hinein, doch der Glaube an Gott verhalf ihm immer wieder zu erneuter Kraft, diese Widerstände zu überwinden. In jungen Jahren bereits verstarben beide Elternteile. Er wurde adoptiert, doch seine Pflegeeltern verloren ebenfalls kurz nach seiner Volljährigkeit das Leben.

Nichtsdestotrotz entwich ihm sein Glaube nicht, denn diesen hatte er mit unwiderruflicher Präsenz in seinem Herzen verankert.

Nach einer sehr intensiven und sehr persönlichen Unterhaltung teilte er mir noch in der Klinik eine Feststellung mit, die ich wohl niemals mehr vergessen werde:

„Auch wenn diese Wiedereingliederung scheitern sollte, so ist das dennoch *der Wille Gottes.* Glaube mir, wenn ein Ziel misslingt, so wird *ein neues von Gott gewolltes Ziel* ins Leben eintreten. Unser Weg geht *weiter...* immer weiter, bis dass wir von dieser Welt Abschied nehmen müssen. Aufgabe bedeutet, sich aufzugeben. Doch gerade die *Selbstaufgabe ist in den Augen Gottes töricht.* Er *hilft uns* und wird uns *immer wieder einen erneuten Weg weisen.* Das glaube ich."

Lassen Sie diese Aussage einmal in Ruhe in Ihrem Inneren wirken! Prägt sie nicht vollstes Vertrauen und Hingabe zu Gott und Jesus?

Deutlicher und aus dem Herzen kommender kann man seinen eigenen Glauben wohl kaum bestätigen. Und Gott verhalf, dass sich die Wünsche meines Bekannten verwirklichten.

Die Feststellung meines Mitpatienten erweist sich als zutreffend. Denn: Wenn irgendwo eine Tür im Leben zuschlägt, denkt man: Was soll ich nun tun? - Doch wir werden sehen, dass sich wiederum für uns eine andere Tür öffnet, um einen *neuen Weg gemeinsam mit der Hilfe Gottes zu begehen.*

Für die Kinder Gottes ist *kein* Weg aussichtslos. Wenn der Allmächtige unsere Zusage aus dem Herzen erhält, so wird Er uns *jederzeit helfend* beistehen. Nun können wir in Harmonie mit Gott und Jesus Christus durch unser Leben gehen, ohne Angst vor der Frage: Was kommt danach?

Der Glaube präsentiert sich als Fels in der Brandung eines christlichen Lebens.

Erneut wird uns nun allzu deutlich bewusst, dass ein aus dem Herzen entstehender Glaube in der Tat Berge versetzen kann!

3. Diagnose Berufsunfähigkeit

Zunächst einmal sollte man den Begriff „Berufsunfähigkeit" genauer hinterfragen. Er bedeutet, dass die letzte berufliche Tätigkeit nicht mehr ausgeübt werden kann; diese Feststellung basiert auf der Diagnose der Ärzte und Psychologen. Selbstverständlich liegt es allen Mitarbeitern der Klinik am Herzen, Sie bei Ihrer neuen Berufsauswahl tatkräftig zu unterstützen. Das Personal des Sozialbüros wird Sie mit Ratschlägen und handfesten Informationen über den weiteren Werdegang Ihres Berufsziels informieren. Da bei mehreren Mitpatienten eine Berufsunfähigkeit diagnostiziert wurde, konnte ich anhand von persönlichen Gesprächen mit ihnen diese Handhabung erfahren.

Vielleicht können Sie mit Ihrem erlernten Beruf eine andere Tätigkeit ausüben – oder Sie fangen noch einmal ganz von vorne an.

Wie auch immer sich Ihnen die Entscheidung Ihrer zukünftigen Laufbahn präsentieren wird, danken Sie Gott für Seine barmherzige Betreuung, die Er Ihnen zukommen lässt. Mit Seiner fürsorglichen Hilfe wird Ihre Zukunft wieder lebenswert. Gott erkennt, wenn ein Mensch am Ende seiner Belastungsgrenze angelangt ist und verhilft Ihm zu erneuter Lebensfreude. Vergessen Sie niemals, dass die Hilfe Gottes stets am nächsten ist, wenn man sie benötigt. Er will Ihnen helfen; seien Sie dankbar und vergessen Sie nicht, Ihm für seine grandiose Tat ein von Herzen kommendes, dankbares Gebet auszusprechen!

Gott will den Betroffenen die Augen öffnen, dass der Weg weiterer Belastungen nun abrupt und mit hilfebringenden Maßnahmen abgeschafft und für immer vermieden wird.

Auch ich verweigerte bewusst Seine Hilfe, ein törichtes Vergehen! Wie oft wies Er mich auf ein Ende hin – aber meine sture Art kannte nur ein Ziel: Immer weiter - koste es, was es wolle... Und wie bestätigte sich meine Verbissenheit?

Ebenfalls eine Berufsunfähigkeit, wie ich bereits berichtete, mit rezidivierenden, sprich wiederkehrenden Depressionen war demzufolge mein Resultat des Klinikbefunds. Vermeiden Sie jegliche Aufregung, sonst...

Ich entschied mich also für die Erfüllung eines lang ersehnten Wunsches: Das Schreiben. Nun wurde auch mir vom Sozialbüro eine Hilfe angeboten, indem man mir vorschlug, eine LTA-Maßnahme (Leistungen zur Teilhabe am Arbeitsleben) zu beantragen. Leider warte ich noch heute (circa 1 Jahr danach!) auf eine Beurteilung oder Zusage! Doch sollte man generell gerade in Bezug auf diesen Vorgang Geduld zeigen und keinesfalls den Kopf in den Sand stecken – egal, ob es sich um eine Umschulung, Selbstständigkeit oder um eine künstlerische Tätigkeit handelt. Diese Prüfung bedarf einer gewissen Zeit bei der zuständigen Behörde. Durchhaltevermögen muss nun von der betroffenen Person gezeigt werden. Betrachten Sie diese Zeitspanne als in dieser Branche üblich.

Doch nur die Zukunft und der nun stets in meinem Leben teilnehmende Glaube an Gott und Jesus Christus, können mir zu diesem angestrebten Ziel verhelfen. Das ist mein oberstes Lebensziel. Davon bin ich nunmehr absolut überzeugt!

Ich wünsche Ihnen, liebe Leser dass sich diese Gewissheit auch in Ihrem Leben entfalten möge. Wunder sind auch heute noch immer vorhanden, man muss diese nur als solche erkennen...

4. Ein neues Berufsziel

Manchmal ist es einfach nötig, ein neues und vielleicht noch unbekanntes Berufsziel zu wählen. Nun hat der Betroffene aus eigener Kraft oder mit Hilfe des Klinikpersonals das Ziel vor Augen, eine andere Tätigkeit auszuüben, die ihn von der alten Arbeitsstelle abgrenzt, um wieder ein Leben in Freude und Hoffnung zu gestalten. Das ist umso wichtiger, weil das Berufsleben einen erheblichen Anteil an unserer täglich verfügbaren Zeit in Anspruch nimmt.

Der individuelle Charakter eines Menschen kann sich nun vielleicht durch die Erfüllung eines sehnlichst gewünschten „Berufstraums" in die Realität verwirklichen.

Ohne jede Schwierigkeit ist auch dieses Ziel nicht zu vollführen, denn es wird wohl niemals ein perfekter Beruf existieren, der keinen Kritikpunkt aufweisen kann; völlig unabhängig, auf welche Art und Weise er sich auch immer gestalten mag. Wenn man jedoch ein fixiertes Ziel vor Augen hat, so ist es ratsam, sich mit eventuell auftretenden Problemen dieses Berufes vorweg zu beschäftigen, um nicht eine erneute Frustration erdulden zu müssen. Wenn diese Überlegungen mit Engagement vollführt wurden, so kann man seine Entscheidung realisieren – oder revidieren. Denn dieser Beschluss ist bedeutend für unser inneres Wohlbefinden; nur wo ein Herz zuhause ist, da fühlt der Mensch sich wohl. Sie haben an Ihrer eigenen Person erlebt, welche deprimierenden negativen

Auswirkungen Unbehaglichkeit erzielen kann – schenken sie Ihrer Perspektive ein angemessenes, neues Dasein in der Hoffnung auf Verbesserung!

Mit einem Beispiel möchte ich hervorheben, welche Freude eine bewusst durchdachte Umschulung sich einem Menschen präsentieren kann. Mein Cousin übte jahrelang seinen Beruf als Elektriker aus. Doch diese Tätigkeit konnte ihn äußerst selten überzeugen. Zwar erkrankte er nicht an dieser Beschäftigung, dennoch fühlte er sich unwohl und wollte umschulen, um als Krankenpfleger in einem Krankenhaus tätig zu werden. Allerdings traute er sich nicht, als vierzigjähriger Mann diesen lang ersehnten Schritt zu wagen. Nach langem Überlegen setze er sein angestrebtes Ziel schließlich doch in die Realität um. Er wusste, dass nun neue Arbeitszeiten in Form von Dreischichtdiensten zum Alltag gehören würden - dies alles nahm er in Kauf und ist heute mit seiner Entscheidung, die bereits schon einige Jahre zurück liegt, immer noch sehr zufrieden. Seine Arbeit richtet er stets mit Freude aus und von vielen auch mir bekannten Patienten bekam mein Cousin für sein freundliches Wesen und seinen Enthusiasmus großes Lob.

Dieses Beispiel weist deutlich auf die positive Veränderung durch die Erfüllung eines Berufswunsches hin, der von der betreffenden Person mit Freude und Zufriedenheit ausgeübt wird. Ich wünsche Ihnen das Glück, welches mein Cousin bereits seit Jahren besitzt, und dass Sie Ihr Ziel verwirklichen werden.

Es gibt nichts, was Sie nicht schaffen, wenn ein sehnlichst erwünschtes Ziel aus Ihrem Herzen entspringt.

Wenn Sie Gott und Jesus um diese Hilfe bitten, so werden sich Ihre Bemühungen lohnen. Der Vater und der Sohn werden Ihnen diesen Lebensweg ermöglichen, dessen bin ich mir sicher.

Wer Gott und Jesus Christus in den Mittelpunkt seines Lebens stellt, der wird von Glück und Geborgenheit umgeben sein. Der Glaube ist der Weg, der die Wurzel christlicher Existenz entfaltet. Die heranreifende Frucht dieses Gewächses ist das Geschenk Gottes. Wer kann auf diese Lebensnahrung verzichten? Wie dankbar können wir sein, dass Gott und Jesus unser Leben zur gewünschten Zielrichtung navigieren. Nur der Glaube kann dieses Wunder vollbringen.

5. Die neue Arbeitsstelle

Freuen Sie sich auf Ihren neuen Arbeitsplatz, der Ihnen einen Neuanfang mit einem hoffnungsvollen Ziel gewährleisten kann. Ich wähle hier das Wort „kann" ganz bewusst, weil Sie nun einen neuen Berufsweg eingeschlagen haben, um mit Hoffnung und frischem Elan ans Werk zu gehen. Nun liegt es an Ihnen selbst, diesen neuen Werdegang *erfolgreich* zu begehen.

Einarbeitungszeit sowie das Arbeiten unter neuen Aspekten hilft, die alte Berufslaufbahn zu vergessen, sie einfach hinter sich zu lassen. Freude und erneuter Lebensmut sind nun Anzeichen, dass der von Ihnen angepeilte Berufsweg Einklang mit Ihnen gefunden hat. Selbstverständlich kommt es immer wieder zu Komplikationen, jedoch sind diese mit einem gesunden Maß an Selbstvertrauen zu lösen. Diese Bestätigung, ein neues Arbeitsziel erfolgreich zu bestreiten, lässt einen Menschen wieder hoffen und dokumentiert nochmals die niemals endende Liebe Gottes. Das Selbstwertgefühl ist ein Geschenk des Allmächtigen.

Sie selbst kennen Ihre Schwächen genau, verhindern Sie beim Neuanfang, wieder die alten Fehler zu begehen. Auch ich habe mehrere Neuanfänge in verschiedenen Firmen erlebt; zwar stets in der gleichen Branche, jedoch habe ich es nie geschafft, mein durchweg falsches, monotones Denken zu ändern – fort mit diesen desaströsen Fehlern, denn sie signalisierten unbeirrbar:

„Du musst deine Kraft weiterhin so einsetzen, wie du es bereits bei den anderen Firmen vollbracht hast. Möglichst noch zwei Dinge gleichzeitig bewerkstelligen, um die anderen Kollegen und den Chef zu beeindrucken. Ich werde dies alles wie immer zur Zufriedenheit ausüben, denn ich will es schließlich jedem recht machen. Eine Fünf gerade sein lassen – niemals! Meine Arbeit soll und muss für jeden perfekt sein, ansonsten bin ich unzufrieden."

Mit einer solchen Aussage werden Sie *niemals* der Hoffnungslosigkeit entrinnen. Sie steigern sich immer tiefer in ein Tal hinein, aus dem es kein Entkommen mehr gibt – eine Einbahnstraße ohne Umkehr!

Es ist durchaus möglich, dass Sie die neuen Arbeitskollegen sowie den Chef von Ihrem Arbeitseifer begeistern, doch Vorsicht: Mit diesem monotonen Geradeausdenken verwickeln Sie sich selbst in ihren alten Gemützustand zurück. Legen Sie die „Scheuklappen" weg. Dieser freie Blick ist *wichtig, ja prägend für Ihre ganze Zukunft.* Ich habe diese Scheuklappen ständig getragen, welch ein fataler Fehler – Multitasking bis zum körperlichen Einbruch und - kein Ende in Sicht... Das Denken glich der Konstruktion einer Eisenbahnschiene, die nur eine monotone Richtung aufwies: *Geradeaus* - koste es, was es wolle.

Denken Sie an sich und an Ihr Leben. Ihre Depressionen haben Sie weitgehend in den Griff bekommen. Lassen Sie diese nie wieder in Ihr Leben eintreten. Das Klinikpersonal, Sie selbst und die gütige Hilfe Gottes verhalfen Ihnen zu einem neuen Anfang; Sie selbst sind nun der

Regisseur, um Ihre Zukunftsperspektiven mit eigenem und durchaus begründetem *Willen* zu gestalten.

Ob Sie nun einen neuen Aufgabenbereich bei Ihrem bisherigen Arbeitgeber erhalten oder die Firma wechseln, es ist sehr wichtig, von vornherein alte Fehler zu vermeiden. Eine zumutbare und gleichzeitig ausführbare Arbeitseinteilung ist folglich nun unabdingbar. Eine Arbeit nach der anderen tätigen – arbeiten um zu leben und nicht leben um zu arbeiten. Diese Devise muss nun im Vordergrund Ihres beruflichen Lebens stehen! Dazu gehört auch ein gesundes Maß an Selbstvertrauen, um einmal mit einem höflichen, aber durchaus bestimmten „Nein!" auf eine Bitte antworten zu können. Sie wissen, dass Sie sich mit dieser Antwort selbst entlasten - wo besteht nun der Grund, diese Aussage nicht zu tätigen, wenn sie nur zu Ihrem eigenen Wohl dient?

Das Leben verfügt über nahezu unendlich viele Komplikationen, denen wir uns wohl oder übel stellen müssen. Wir haben in der Vergangenheit aus unseren eigenen Fehlern gelernt und müssen uns nun vehement bemühen, diese in Zukunft zu vermeiden. Konkurrenzdruck und das Ansehen der eigenen Person in den Augen des Chefs und der Kollegen haben erheblich dazu beigetragen, in diese folgenschwere Falle hinein zu rutschen. Permanent verwickelte man sich in ein Streben, das in eine Art von Perfektion ausartete; der Beste zu sein – nach Möglichkeit ohne jeden Fehler die Arbeitsgebiete noch in Rekordzeit auszuüben, war das einzige Ziel. Ein zweiter Platz heißt verlieren – denn er kann weder hingenommen, geschweige denn akzeptiert werden. Also bestand das Leben dieses Workaholic nur noch aus Überstunden und kaum zu bewältigendem Arbeitsdruck. Doch an die folgenreichen Konsequenzen hat er einfach nie gedacht, sondern sie völlig ignoriert.

Wenn andere Mitarbeiter diesem ehrlosen Arbeitswahn verfallen, so darf man Ihnen nicht ins Unglück folgen. Spätestens zu diesem Zeitpunkt muss man die Reißleine ziehen. Gott hat uns nicht dazu erschaffen, um uns in Eigenregie zu vernichten, sondern das Leben als *lebenswert* zu betrachten! Mit Maß und Ziel die Existenz zu gestalten, es nach den Worten der Bibel auszurichten, das sollte unser Vorhaben prägen.

Ein gesundes Selbstwertgefühl ist hilfreich. Hilfreich im Sinne von der Abgrenzung der eigenen Belastbarkeit und ein Zeichen für Ihre Gegenüber, die nun mit Ihrer eindeutigen Aussage erkennen, dass Sie sich nicht mehr in die Enge treiben oder mobben lassen; denn nun sind Sie im Stande, Ungerechtigkeit erfolgreich zu verhindern und von sich abzuwehren.

Sie brauchen sich nicht zu genieren oder gar zu verstecken, denn nun haben Sie erkannt, wie wichtig es ist, eine eigene und nicht nochmals zu hinterfragende Meinung zu besitzen. Ihr Körper und Ihr Gemütszustand werden es Ihnen danken. Die Mauer ist von Ihnen durchbrochen worden – ein neues Selbstwertgefühl ist auf diese Weise entstanden, welches nunmehr lautet: *„Ich bin es mir wert!"*

Nein zu sagen weist *nicht* auf Arroganz, sondern auf Vermeidung körperlicher und seelischer Gebrechen hin. Gott hat uns mit gesundem Menschenverstand beschenkt. Was sollte uns daran hindern, diesen in Seinem Sinne einzusetzen?

Dies bedeutet ebenfalls das Einsehen von Fehlern an der eigenen Person, indem man die private Natur hinterfragt. Wie kann ich mich bessern, um Gott gefälliger zu werden? Eigene Fehler, wie Ungerechtigkeit gegenüber Mitmenschen, keine Einsicht zu zeigen, eigene Rechthaberei oder gar Rücksichtslosigkeit zu präsentieren, zeugen von dringendem Handlungsbedarf, diesem Fauxpas schleunigst zu entrinnen. Es existiert kein größeres Leid, als jenes, welches man sich selbst zufügt. Wir sollten nun Gott inständig darum bitten, dieses Laster aus unserem Leben zu nehmen, dann wird Er uns helfend zur Seite stehen. Und wir werden erkennen, dass fortan eine rücksichtsvollere Konversation, bedingt durch das Gewinnen an Einsicht, sich unserem Gemüt präsentieren wird. Überheblichkeit ist ein Zeichen von menschlicher Schwäche. So wird auch ein ehemaliger, von Hochmut überzeugter Mensch durch die Gnade Gottes fähig sein, seinen Nächsten zu achten und zu lieben.

Sollten noch Zweifel an dem Wort Selbstüberzeugung auftreten, so lassen wir doch einmal die Worte unseres Heilands sprechen und schlagen die Bibel auf, denn im Evangelium des Matthäus 22, Vers 39 können wir Jesus nun Folgendes sagen hören:

Du sollst deinen Nächsten lieben, wie dich selbst.

Ein Schriftgelehrter fragte Jesus, welches das höchste Gebot im Gesetz sei, und darauf antwortete ihm der Heiland: *„Du sollst den Herrn, deinen Gott, lieben von gan-*

zem Herzen, von ganzer Seele und vom ganzen Gemüt. Dies ist das höchste und größte Gebot. **Das andere aber ist dem gleich. Du sollst deinen Nächsten lieben, wie dich selbst."** (Matthäus 22, Vers 37-39)

Nun erkennen wir, dass Selbstüberzeugung unbedingt nötig ist und vorhanden sein muss. Denn wie sollte man ohne Selbstwertgefühl seinen Nächsten lieben, wie sich selbst? Es ist unmöglich, ohne Selbstwertgefühl einen anderen zu lieben. Es ist notwendig, um dieses Gebot im Herzen aufzunehmen und einzuhalten.

Jesus spricht hier über die höchsten Gebote des Gesetzes. Die gnädige Hilfe von Gott und Jesus leitete Sie zu dem Ziel, welches Ihnen eine neue und lebenswerte Zukunft bieten kann. Es ist Ihre Chance, diesen von Gott bestimmten Weg zu meistern und zu bestehen. Nutzen Sie diese und freuen Sie sich, dass Gott und Jesus für diese Wohltat gesorgt haben. Wenn dieses dringend benötigte Wissen in Ihrem Leben Einzug hält, so wird das am Anfang hinterfragte Wort „kann" verwandelt in ein „wird". Denn nun wird sich mit Ihrer neuen Lebenseinstellung ihr Vorhaben bestätigen. Gott und Jesus Christus sind diese edlen Spender.

Mit Gott und Jesus gemeinsam durch das Leben zu gehen, fordert uns nunmehr auf, nachzudenken.

Diese unabdingbare Zeit, sich mit den Worten der Bibel zu beschäftigen, um diese im Herzen aufzunehmen, ist von prägender Wichtigkeit. Ein wahrer Christ lässt sich von seinem relevanten Glauben von niemandem ableiten, oder gar beeinflussen, sondern dieser Gläubige trägt ihn in seinem Herzen.

Dieser Glaube ist unerschütterlich und gleicht einem Felsen in einer Brandung, welcher selbst starken Stürmen ohne bleibende Schäden widersteht. Wer diesen Glauben im Leben einsetzt, den kann niemand erneut in eine solche Falle führen.

Christen erkennen ihre Grenzen und handeln, bevor sie Opfer dieses unwürdigen Vergehens werden. Was kann ihnen zustoßen?

Sind nicht Gott und der Heiland Jesus Christus stets bei Ihnen? Ist es etwa gerecht, sich ins eigene Unglück zu stürzen? Nichts kann dem Gläubigen zustoßen, wenn Gott und Jesus über dessen Leben wachen. Der Glaube ist der Beweis einer niemals endenden Zugehörigkeit zu Gott und Jesus Christus, denn deren Liebe zu uns bleibt konstant, nie abweichend, sondern sie ist *jederzeit, immer und ewig für uns da!*

Wenn Jesus im Herzen eines Menschen beheimatet ist, so bleiben uns diese Konfrontationen fern. Dieses intensiv geprägte Wissen gibt uns Mut und Kraft, voller Zuversicht durch das Leben zu gehen.

Die Liebe zu Gott ist die Definition eines wahren, christlichen Lebens.

Kapitel IV

1. Wohlhabende Patienten

Depressionen sind in ihrem Ausbruch nicht wählerisch. *Jedem* Menschen können sie einen großen Anteil der Lebensqualität rauben. Somit sind nahezu sämtliche Berufssparten, unabhängig ob sie sich gering-, normal- oder vielverdienend erweisen, von Depressionen befallen. Die von mir besuchte Klinik wies, wie bereits erwähnt, eine vielschichtige Zahl unterschiedlicher Berufe auf.

Mögen sich die Lebensumstände in der realen auch Welt unterscheiden, so waren sie in der Klinik nahezu identisch, denn alle Patienten saßen sprichwörtlich „im gleichen Boot". Alle Mitpatienten waren auf verschiedenste Art von dieser Krankheit betroffen – ein Unterschied jedoch, wie man ihn in erster Hinsicht vermutete (ich bin etwas Besseres!), war zu keinem Zeitpunkt auch nur im Ansatz zu vernehmen. Wie schön wäre es, wenn dieser „Klassenunterschied" auch außerhalb der Klinik den Menschen ein solches Wohlgefühl vermitteln könnte.

Niemand kann sich demzufolge als etwas „Besseres" betrachten, denn unter der Ansicht Gottes sind alle Menschen identisch. Leider ist diese Einsicht noch nicht jedem bewusst, denn für Wohlhabende zählt oftmals nur deren Besitz und Reichtum. Ein schönes Haus, ein protziger PKW und ein prall gefülltes Konto lassen den Glauben ins Abseits verschwinden.

Wenn Gott einem Menschen dies in der irdischen Welt schenkt, was braucht man mehr? Ich betone bewusst die „irdische Welt", denn diese ist vergänglich. Zu einem vom Herrn auserwählten Termin muss jeder unter uns diese Welt verlassen, denn der Tod ist der Abschied aus dem weltlichen Dasein. Das letzte Hemd hat keine Taschen - Geld ist nicht alles, denn die wahren Werte sind wesentlich wertvoller. Niemand kann sich mit Reichtum rühmen, denn auch dieser Mensch wurde von Gott mit Wohlstand beschenkt. Doch oft wird der Glaube weit hinweg gedrängt. Ein nebensächlicher und somit wortkarger Glaube reicht nicht aus, um in die Gemeinde Gottes aufgenommen zu werden. Wie wichtig jedoch dieser ist, kann man des Öfteren erst nach einem gesundheitlichen Tiefschlag wahrnehmen. Dieser ist jedoch nach näherem Betrachten hilfreich, ja sogar errettend. Blicken wir einmal in die Bibel und schlagen das Evangelium des Matthäus 16, Vers 26 auf, wo unser Heiland folgende Worte spricht:

Was hülfe es dem Menschen, wenn er die ganze Welt gewönne und nähme doch Schaden an seiner Seele?

Lassen Sie einmal diese Aussage unseres Herrn Jesu auf sich wirken. Er warnt vor der Auswirkung menschlichen Besitzes, wenn dieser *über* dem Glauben angesiedelt und zum Mittelpunkt im Leben eines Menschen wird.

Es liegt auf der Hand, dass erhebliche Schwierigkeiten auftreten, wenn gerade im Zusammenhang mit wohlhabenden Patienten eine solche Depressionsphase erfolgreich abgeschlossen wurde. Wenn der Beruf nun die fundamentale Ursache der Depression war, so ist es ein mühsames Unterfangen, *nicht* mehr dahin zurückzukehren. Man will seinen Lebensstand nach Möglichkeit beibehalten und befindet sich nun in einer Art Zwickmühle. Der vermeintliche, für die Genesung unabdingbare Rückschritt wird plötzlich hinterfragt; erst recht, wenn man von einem hohen Verdienst abhängig war und auf eine gewisse Etablierung doch keinesfalls verzichten mag.

Wenn nun noch der Lebenspartner schon seit mehreren Jahren nicht mehr berufstätig war, so ist für diese Person ein Wiedereinstieg fraglich, da man heutzutage die Berufserfahrung in den Vordergrund hebt. Wer jahrelang nicht in seinem Beruf gearbeitet hat, ist eben nicht mehr „up to date". Nun ist guter Rat teuer, denn auch der Lebenspartner kann den „Verlust" des Geldes nicht mehr kompensieren.

Aber bei näherem Hinterfragen *muss* man einsehen, dass die gesundheitliche Lebensbasis einen immens wichtigen Punkt des menschlichen Daseins darstellt. Was nützt einem Menschen Rang und Reichtum, wenn die Gesundheit nicht mitspielt und in Folge von beruflichem Streben gar noch eine weit größere Gefahr von körperlichen Qualen das Leben erschwert? Nun wird dem Betroffenen bewusst, dass der Reichtum zwar die irdische Existenz „versüßt", doch *niemals* mit einem festen, unnachgiebigen Glauben an Gott konkurrieren kann. Wer zu dieser Einsicht kommt, verliert nicht, sondern gewinnt! Wer dennoch zweifelt, der sollte nochmals die Bibel zum Vorschein holen und die Worte des großen Apostel Paulus zu Rate ziehen, der nun Folgendes niederschrieb:

*... als Die Unbekannten, und dennoch bekannt; als die Sterbenden, und siehe, wir leben; als die Gezüchtigten, und doch nicht getötet, als die Traurigen, aber allezeit fröhlich, als die Armen, die doch viele reich machen, **als die nichts haben, und doch alles haben** (2.Korinther 6, Vers 9-10)*

Welch ein Glaube wird hier offenbart! Wer den Glauben hat, der ist zu wahrem Reichtum gelangt. Das sind die Worte, die Paulus uns hier vermitteln will; einer Botschaft, die keinen Zweifel mehr aufkommen lässt! Einen Namen oder Bedeutung in dieser Welt zu besitzen, ist vergänglich, aber einen Namen in Himmel zu besitzen, wird in Ewigkeit niemals vergehen (siehe Offenbarung 3, Vers 5b Buch des Lebens)! Dessen können Sie sich sicher sein!

Vor Gott zählt kein irdischer Klassenunterschied oder das „Ansehen" einer bestimmten Person. In Bezug auf den christlichen Glauben ist somit der wohlhabende Mensch keinesfalls von einem Mittelständischen – oder gar von einem Geringverdiener zu unterscheiden; Gott macht keinen Unterschied zwischen diesen Komponenten, denn Gott blickt *auf das Herz eines Menschen*, nicht auf dessen Besitz.

Das fleischerne, einsichtige und einfühlsame Herz ist Ihm wichtig - nicht das steinerne, welches Gefühle und Liebe zueinander abwehrt - gleich einer undurchdringbaren Mauer. Ob Arm oder Reich, Gott beurteilt die Menschen nur nach dem Glauben, der aus dem Inneren kommt.

In Folge dessen sollte man verstehen, dass Zufriedenheit wieder in *jeden* Menschen zurückkehren *kann.* Wer Gott aus reinem und aus dem Herzen kommenden Glauben *aufsucht,* den wird er *nicht abweisen,* sondern in Seine Gemeinde aufnehmen und dieser Person mit Seiner Barmherzigkeit beistehen. Wenn Gott einem Suchenden ein solch vortreffliches Geschenk unterbreitet, so kann sich auch *jeder Mensch*, unabhängig seines eigenen Ansehens *ändern.* Der Glaube ist der Beweis dieser Revision. Ich bete zu Gott, dass Er noch vielen Menschen diese unabdingbare Nachricht des Umdenkens nahe bringt, denn dann wird sich die Gerechtigkeit untereinander ausbreiten. Nur der Glaube kann dieses Werk vollenden!

Ich persönlich empfand die Entscheidung Gottes im ersten Augenblick in Bezug auf meine Person als irreführend und belastend. Doch gerade dieser Gedanke erwies sich als widersprüchlich. Denn meine Depressionen verhalfen mir zu meinem Glauben an Gott zurück, der nun nicht mehr von einem lapidaren und zerbrechlichen Zustand beseelt ist. Denn der Glaube, den ich nun in meinem Herzen trage, ist stabil und gewiss - ja ich betrachte ihn als ein Wunder der Einsicht. Fehler, welche damals in meinem Leben Einzug hielten, lösche ich heute mit diesem Glauben einfach aus; hinweg mit diesen schändlichen Dingen, die mich vormals belasteten und mich in einen Depressionszustand schleusten.

Gott weist auf unsere Fehler hin, um uns zum Umdenken zu bewegen, dass wir wieder mit Verstand und Rücksicht handeln, so, wie Er es sich von Seinen Kindern wünscht. Manchmal, so scheint es, ist eine solche Vorgehensweise nötig, um erneut an einem Leben mit Freude und Gottesfurcht teilzunehmen. Spätestens hier liegt für mich der Beweis nahe, dass das Handeln Gottes *als ein Wunder* aus christlicher Sicht angesehen werden muss. Wer außer Gott und Jesus Christus sind imstande, einem Menschen ein solches irdisches Behagen zu vermitteln? Wunder sind auch heute zu bemerken, Dank der Liebe Gottes zu den Menschen, die Ihn und Christus suchen und auch finden. Ein in der Tat nicht zu übertreffendes Geschenk. *Nichts aber auch gar nichts kann einem Menschen zustoßen*, wenn dieser an dem Glauben zu Gott festhält. Ein Leben in himmlischer Geborgenheit wird sich dieser Person annehmen; welch ein Geschenk, für dessen fühlbares Wirken nur der Bittende den ersten Schritt mit dem Vertrauen zu Gott begeht.

2. Vorgesetzte und Firmeninhaber

In der heutigen Zeit prägt der Konkurrenzkampf das Geschäftsleben. Aufgrund des starken Wettbewerbs ist der Preis ein entscheidender Faktor, ob eine Firma den Zuschlag erhält oder der Auftrag an die Konkurrenz geht. Des Öfteren konnte ich in meiner beruflichen Laufbahn dieses „Feilschen" miterleben.

Sparen um jeden Preis hieß nun die Devise, zu der sich der Auftraggeber hingezogen fühlte. Wenn jedoch selbst Offerten, die sehr knapp kalkuliert wurden, immer noch zu teuer sind, so denkt man bei manchen Kunden mit Besorgnis darüber nach, welchen Preis man wohl abgeben sollte, um einen weiteren Auftrag in Zukunft zu erhalten. Geschäfte, an denen Firmen ohne Gewinn teilnehmen, sind uninteressant und folglich von vornherein nicht näher zu hinterfragen.

Demzufolge scheint es allzu verständlich, dass Vorgesetzte und Inhaber einen sehr verantwortungsvollen Job ausüben, um die Firma gewinnbringend zu führen und somit weiterhin aufrecht zu erhalten. Leider bleiben die Auswirkungen dieser in der heutigen Zeit üblichen „Behandlungsmaßnahmen" auch nicht dem Personal erspart - die permanent wachsende Zahl der ungerecht behandelten Menschen spricht Bände: Personalabbau, ungerechte Bezahlung, unbezahlte Überstunden, geschweige denn die Bezahlung von Urlaubs- oder Weihnachtsgeld. Was früher noch dem Personal gezahlt wurde, verwandelt sich heutzutage in reines Wunschdenken. Aber wie kann ein Arbeitgeber seine Arbeitnehmer so motivieren? Eine logische Schlussfolgerung: Immer mehr Arbeitnehmer erkranken; die Zahl der Burn-Out- und Depressionspatienten schnellt unaufhörlich in die Höhe. Oder die Arbeitnehmer kündigen innerlich. Gibt es überhaupt eine Lösung, diesem Wahnsinn zu entrinnen?

Zuerst einmal kann die Geschäftsleitung den eigenen Frust nicht dem Personal anlasten, denn die Arbeitnehmer tragen keine Schuld. Andererseits zwingt eine vermeintlich ausweglose Situation die Direktion zum Handeln.

Kündigungen, eventuell die Streichung von Urlaubs- und Weihnachtsgeld, Gehaltskürzungen und Kurzarbeit erweisen sich nunmehr als logische Maßnahmen in einer solchen Notsituation. Doch: Bei sich selbst oder beim Firmeninventar setzen diese Personen den Rotstift weitaus seltener an. Es werden neue Maschinen und Firmenwagen angeschafft, das eigene Einkommen wird nicht angetastet.

Nun ist der Arbeitnehmer gezwungen zu handeln und sich bei einer anderen Firma zu bewerben, um dort auf eine Besserung zu hoffen.

Doch kommen wir nun zur Kehrseite der Medaille. Selbstverständlich existieren auch jene Firmen, die über ausreichend gefüllte Auftragsbücher verfügen. Das Personal wird über Tarif bezahlt und kann jährlich mit marktüblichen Gehaltserhöhungen rechnen. Dieses nahezu perfekt funktionierende Unternehmen ist ein Paradebeispiel, bei dem man sich als Mitarbeiter freudig stimmt, in einer solchen Firma arbeiten zu dürfen.

Leider führt kein Weg daran vorbei, dieses sehr wichtige Thema zu hinterfragen. Was bleibt einem Arbeitnehmer übrig, als gewissenhaft seinen Job auszuüben?

Gerechtigkeit trifft man heute vermeintlich nur noch sehr selten an, sie scheint fast völlig aus dem Vokabular des modernen Menschen verschwunden zu sein. Tröstend erweist sich die Tatsache, dass, wenn man unter geschichtlichen Aspekten nachforscht, in *jeder Zeit* ähnliche Probleme die Menschheit belastet haben.

Zugegeben - ein nur sehr schwacher Trost, da doch unsere Welt dem Anschein nach so fortschrittlich ist. In Folge dessen muss ein Arbeitnehmer handeln, wenn er merkt, dass seine Kraft die Grenzen des Machbaren überschreitet, um die bereits erwähnten Folgeerscheinungen zu vermeiden. Das Gefühl der Gerechtigkeit eines jeden Menschen entspringt aus unserem Eindruck heraus. Unsere Emotionen urteilen nun über die anderen Mitmenschen. Nun stellen wir uns instinktiv Fragen, warum das Eintreffen der Integrität nicht auch in unserem Leben Einzug hält. Doch als Christ sucht man die Worte Jesu und findet diese nunmehr in der Bibel, denn unser Heiland spricht sich selbst als einen nicht guten Menschen aus, als Er von einem Fremden als „guter Meister" benannt wurde.

Denn die Antwort Jesu lautete:

Was nennst du mich gut? Niemand ist gut als Gott allein (Markus 10, Vers 18)

Die Aussage unseres Herrn Jesus zwingt uns zum Nachdenken. Wenn selbst Er sich nicht als „gut" bezeichnet, können wir diese Eigenschaft von uns selbst, geschweige denn von unseren Mitmenschen erwarten?

Wir können uns als gläubige Christen nur mit unserem Gebet an Gott und Jesus Christus wenden, um Ihnen unsere Sorgen, Nöte und Ängste vertrauensvoll zu delegieren. Doch Sie werden uns niemals über unsere menschliche Belastbarkeit hinaus bezichtigen, sondern werden uns bei unserer Entscheidung helfend zur Seite stehen. Das Wissen, dass Gott niemals einen Fehler begeht, ist somit tief in unserem Glauben verwurzelt. Er wird uns helfen, diese Gewissheit ist es, die dem Betenden letztendlich den inneren Frieden verschafft.

Wir sind Gottes Kinder und sollen trotz mancher Trübsal mit Freude durch das irdische Leben gehen, unseren Verstand einsetzen und dementsprechend handeln, wenn wir erkennen, dass die Ungerechtigkeit an unserer Person die Grenzen der Belastung deutlich überschreitet. Spätestens jetzt muss Einhalt geboten werden! Ein Christ hat eine Vorgabe in seinem Dasein, die lautet: Was auch immer geschieht, ich habe die Gewissheit, dass Gott mich niemals mehr verlässt.

Diese Priorität ist ihm ins Herz hinein gepflanzt und besitzt einen Anker – dieser Anker ist sein unnachgiebiger Glaube an Gott und Jesus Christus. Was Gott und Jesus einmal an sich genommen haben, das werden Sie niemals mehr aus Ihren beschützenden Händen geben.

Ein Fazit:

Welch eine Gewissheit uns ein tief aus dem Herzen kommender Glaube vermitteln kann, wird uns spätestens nun allzu deutlich bewusst. Wir sind nunmehr gebunden, diesen Glauben weiterhin zu fördern, um ihn auch in Zukunft einzusetzen.

Lesen wir einmal die Worte des Paulus, im 1. Korinther, 7, Vers 23, denn dort spricht er:

*Ihr seid teuer erkauft, werdet **nicht** der Menschen Knechte.*

Wir sind wer, ja wir sind nicht nur wer, sondern wir sind sogar *wertvoll!*

Warum sollte ein wahrer Christ diese Aussage anzweifeln, wenn der Herr der Welt, das A und das O hinter ihm steht? Wer will nun noch zweifeln?

Für einen christlichen Menschen *existiert* das Wort *Aufgabe nicht,* denn mit der Hilfe Gottes findet sich *stets* eine Lösung. Gott liebt uns; Er wird uns auch in scheinbar für uns aussichtslosen, problematischen Situationen *nicht* verlassen! Wenn wir nun die Bibel zu Rate ziehen, weist uns der Allmächtige die Wege, die Er für uns bestimmt hat. Verfolgen wir den Inhalt der Heiligen Schrift, so können wir erkennen, dass alle Worte von Wahrheit sprechen. Sie haben sich bereits bestätigt oder werden mit Sicherheit noch eintreffen.

Somit können sich Christen ihr menschliches Hinterfragen selbstständig beantworten, ob ihr Leben denn jemals von Aussichtslosigkeit geprägt war. Ich bin mir sicher, die Antworten auf diese Fragen lauten unbeirrbar: *NEIN!*

Auch wenn wir nicht sofort und für uns doch dringend eine Antwort auf unsere Frage von Gott und Jesus Christus erhalten, so können wir doch stets in der unerschütterlichen Gewissheit verharren, dass Sie uns *helfen werden.* Auch wenn wir uns noch so sehr bemühen, hinter die Gedanken Gottes zu blicken – wir können getrost sein, diese werden wir niemals erfahren - *doch Seine Hilfe umso mehr.*

Wenn Gott es für *nötig* hält, dann wird Er uns Hilfe zukommen lassen. Seine Entscheidungen sind *niemals* anzuzweifeln, denn Seine Wege sind vollkommen! Hat Er uns jemals im Stich gelassen? Wird Er uns einst nicht treu beiseite stehen? Er ist ein treuer Gott, der niemals Seine Kinder unbeaufsichtigt lässt! Unsere Sorgen, Nöte und Ängste haben einen Erlöser gefunden, den uns der Allmächtige Gott mit Seinem Erscheinen in der Person Jesus Christus schenkte. Wer sich an Ihn wendet ist umsorgt, denn nun kann man aufatmen und voller Freude jubeln:

„Jesus, wie schön ist es, dass Du der beste Freund im meinem Leben bist – was können mir Menschen tun?"

3. Die Unbelehrbaren

Der Mensch ist ein „Gewohnheitstier". Somit besitzt nahezu jeder unter uns einen fest eingeplanten Tagesablauf. Wann stellen wir uns den Wecker, um welche Uhrzeit frühstücken wir – es ist immer der gleiche Rhythmus, mit dem wir in den neuen Tag starten. Auch in der Berufswelt haben unsere täglichen Gewohnheiten einen festen Bestand. Routine bestimmt unseren Alltag. Unsere Biografie ist einzigartig und daher können wir wahrnehmen, dass der gesamte Tagesablauf sich tagtäglich in identischer Art und Weise wiederholt. Wenn jedoch nur der Beruf den Sinn des Lebens prägt, so begibt sich der Mensch in Gefahr, diesen als sein oberstes Lebensziel zu betrachten.

Familie, Freunden und Bekannten schenkt man nur wenig Beachtung, schließlich bestimmt der Beruf den Alltag, denn mit ihm ist man voll und ganz ausgelastet. Gewisse „Nebensächlichkeiten" werden ins Abseits geschoben - einfach ignoriert.

Nun manövriert man sich in eine Sackgasse hinein, aus der man mit eigener Kraft, jedoch vermehrt nur mit professioneller Hilfe früher oder später noch entweichen kann. Oftmals merkt diese Person gar nicht, dass sie sich selbst mit einer derartigen Lebenseinstellung einen hohen Verlust des körperlichen und seelischen Wohlbefindens aneignet. Wenn jedoch auch professionelle Hilfe an die Grenze des Machbaren stößt, so wird es nahezu unmöglich, aus dieser Sackgasse zu entkommen. Dieser Mensch verweigert schlichtweg die dringend notwendige Hilfe an seiner Person.

Aus eigener Erfahrung kann ich nunmehr behaupten, dass mich exakt der gleiche Fehler aus der Spur trug, direkt hin zur Depression. Da aber der Besuch in der Klinik und die vom Personal übermittelte Botschaft sich nicht nur dort, sondern auch für mein zukünftiges Leben einprägten, erkannte ich die Notwendigkeit, meinem Lebensinhalt ein neues Ziel zu schenken, um nicht wiederholt in dieser Sackgasse zu gastieren.

In einem der vorherigen Kapitel erwähnte ich bereits zwei Mitpatienten, welche die Maßnahmen der dort übermittelten Praktiken völlig ignorierten. Sie waren davon überzeugt, dass das Gelernte ihnen für ihr zukünftiges Leben keinerlei Hilfestellungen geben konnte: „Was uns hier übermittelt wird, ist eine Phantasievorstellung", konnte man sie sprechen hören.

Ihnen war jedoch nicht bewusst, dass das von ihnen bis dato geführte Leben als solche hätte bezeichnet werden müssen. Nicht das Gelernte, jedoch das vormals vollbrachte Dasein war Phantasie. Eine Gefahr, die diese Patienten nicht erkannten, denn sie nahmen sich vor, ihre Zukunft weiterhin mit diesen monotonen Lebensgewohnheiten zu gestalten. Ihnen kam es nicht ansatzweise in den Sinn, den „inneren Schweinehund" zu bekämpfen, ja ihn zu beseitigen – hinweg mit diesem üblen Weggefährten - ihn zu verdrängen und nie wieder zum Vorschein holen - einfach wegzuschließen!

Darin befindet sich die Gefahr der Unbelehrbarkeit, wenn sich der Betroffene jeglicher Hilfe wehrt. Diese Personen merken nicht, dass ihnen das Fachpersonal ihr eigenes Leben mit Geduld und deutlicher Hilfestellung in einen Wandel der Verbesserung leiten will, denn noch immer ist der Beteiligte seiner unnachgiebigen, sturen Art ausgesetzt und wird sein Leben auch weiterhin nur mit äußerster Mühe gestalten können - eine Verbesserung rückt mit diesem Lebensmotto in weite Ferne.

Ärzte und Therapeuten sorgen für das menschliche Wohlbefinden. Sie sind die Heilmittel für unsere Krankheitsbekämpfung, sie helfen uns und leiten uns auf den Weg der Besserung. Diese Maßnahmen haben ein Ziel: Uns zu helfen anstelle zu belasten! Aber der Patient muss es wollen!

Desinteresse führt ins Abseits, Mitarbeit in ein neues Lebensglück! Leider konnte man diesen Personen das nicht verdeutlichen, denn sie verharrten und schirmten sich von den anderen Patienten ab, die mit den ihnen erteilten Behandlungen mehr als zufrieden waren und damit die Chance ergriffen, ein nahezu sorgenfreies Leben nach dem Klinikbesuch zu bestehen.

An einem sonnigen, fast schon frühlingshaften Vormittag fiel aufgrund Erkrankung eines Therapeuten eine Therapiestunde aus. Der Winter schien sich zu verabschieden und ich nutzte die Gelegenheit, mich auf eine Bank mit einem Becher Kaffee niederzulassen, um die ersten Sonnenstrahlen zu genießen.

Schon bald gesellte sich eine Mitpatientin zu mir, die ebenfalls diese Freistunde in einem Gespräch auf der Parkbank mit mir verbringen wollte.

Zufälligerweise war es eine der Mitpatienten, die sich rigoros gegen alles Gelernte wehrte. Bereits nach einer kurzen Unterhaltung konnte ich anhand ihrer Stimmungslage vernehmen, dass sie ihr Berufsleben weiterhin in alter Manier fortführen wollte. Sie war eine hoch intelligente Frau, bereits Ende Fünfzig, mit einer bedeutenden Stellung an einer Universität. Man habe ihr mitgeteilt, ließ sie mich wissen, sie wäre gut beraten, in ihrem bereits „fortgeschrittenem Alter" eine frühzeitige Rente zu beantragen, da ihr besorgniserregender Gesundheitszustand diese Maßnahme erforderte. Sie fragte mich nach meiner Meinung und ich teilte diese mit dem Klinikpersonal.

Völlig außer sich konterte sie meiner Meinung entgegen: „Ich will und werde noch weiterarbeiten, komme was wolle", entgegnete sie mir meiner Antwort. „Ich will mindestens noch zehn bis zwanzig Jahre meinen Beruf ausüben. Ich gehöre noch lange nicht zum alten Eisen, das kannst du mir glauben – und ich werde mich keinesfalls mit den trostlosen Empfehlungen zur vorzeitigen Rente abfinden. Mein Leben ist meine Arbeit, das Wichtigste überhaupt. Diesen Gefallen werde ich denen nicht tun."

Gänzlich sprachlos schlürfte ich meinen Kaffee und versuchte, nicht mehr weiter auf dieses Gesprächsthema einzugehen. Um weitere Streitpunkte zu vermeiden, zog ich mich in mein Zimmer zurück. Die Unterhaltung fortzusetzen, wäre fatal und keinesfalls hilfreich gewesen, denn auch ich hätte diese eigentlich intelligente Frau niemals zur Umkehr ihrer Denkweise bewegen können. Dieses Beispiel verdeutlicht wiederum, dass das Mitarbeiten und das Einsehen persönlicher Probleme für jeden Patienten unabdingbar ist. Nur so kann er zu einer Besserung und zukünftigen Vermeidung der Depression gelangen. Der Mensch ist demzufolge seines eigenen Glückes Schmied. Wer nicht hören will, der muss fühlen - wie ein Atheist, der die Hilfe Gottes einfach ablehnt.

Nun erinnerte ich mich an eine lang vergangene Unterhaltung, welche zwischen meiner Großmutter und deren Freundin stattfand:

„Man kann zwar mit dem Kopf gegen eine Wand rennen", teilte die Freundin meiner Oma mit, „aber du wirst sehen, die Wand bleibt heil und unbeschädigt, aber die Kopfschmerzen bleiben dir nicht erspart."

In der Tat, man kann zwar einen durstigen Esel ans Wasser führen, doch saufen muss er letzten Endes selbst. Leider erkannte ich diese ohne Zweifel zutreffende Wahrheit erst in allerletzter Sekunde, doch besser spät wie nie, … dachte ich mir.

Bevor ich an diesem Tag zu Bett ging, dankte ich dem Herrn, dass Er mir in Seiner gnädigen Art geholfen hatte. Nur wenn der Mensch aus Eigeninitiative den Weg zu Gott sucht und ihn um eine ernst gemeinte Verbesserung in seinem Leben bittet, erst dann kann man mit der gütigen Hilfe Gottes rechnen. Wenn Gott jedoch sieht, dass

Sein weises Leiten keine Frucht trägt, dann kann Seine Hilfe diesem Verweigerer auch nicht gegeben werden. Der Mensch kann nur das ernten, was er sät. Doch wer sein Leben zusammen mit Gott und Jesus verbringt, der wird mehr ernten, als er aussäte. Unser Glaube ist der Wegweiser zu dieser Erfüllung.

Blicken wir erneut in die Heilige Schrift und können nun Folgendes erfahren:

Geduld habt ihr nötig, damit ihr den Willen Gottes tut und das Verheißene empfangt (Hebräer 10, Vers 36)

Epilog

Mit diesem Ratgeber will ich dem Leser eine Hilfestellung anbieten, die ihn ermutigt und erfreut, ein neues Leben zu begehen.

Die individuell abgestimmten Therapien der zu behandelnden Patienten hängen von den Entscheidungen der Ärzte und Psychotherapeuten ab. Daher sollte jeder Patient den Ratschlägen des Fachpersonals Folge leisten, so dass die Krankheit schnellstmöglich kuriert wird. Für die Betroffenen stellen sich diese Behandlungsmaßnahmen als Balsam für ihr Inneres heraus, denn wenn die Seele einen Aufschwung erhält, so entsteht ein neues Wohlbefinden in diesem Menschen. Diesbezüglich ist die Entscheidung des Psychologen richtig, wenn ein „stark angeschlagener" Patient in eine Rehaklinik überwiesen wird, so dass er an den erforderlichen Therapien, die ihn besänftigen und letzten Endes auch kurieren, nun täglich teilnehmen darf.

Es ist verständlich, dass der betroffene Patient mit einem kritischen Gefühl in eine Klinik reist. Mehrere Wochen auf sich alleine gestellt, in einer fremden Umgebung erfordert eine Umstellung. Doch der Klinikbesuch wird sich auszahlen. Das Personal wartet auf Sie, um Ihnen mit fachlicher Kompetenz zur Seite zu stehen. Sie sind es diesen Menschen wert, dass Sie nach der Entlassung mit neuem Selbstvertrauen und der Erkenntnis entlassen werden, nunmehr in Eigenregie ein neues Leben Schritt für Schritt zu führen. Daher ist die Aufregung vor dem Start des Rehabesuches keinesfalls nötig, denn das Endergebnis spricht für sich.

Das Einhalten der ausgeübten Therapien und das übermittelte Wissen in das zukünftige Leben mit einzupflegen, ist eine Voraussetzung, dieser Krankheit auch weiterhin Paroli zu bieten. Ich bin davon überzeugt, dass Sie sich freuen, bald ein nahezu sorgenfreies Leben führen zu können. Ich erinnere mich noch ein Jahr später mit großem Dank zurück an diese hilfebringende Zeit und wünsche Ihnen, dass dieses Wohlbefinden auch in ihrem neuen Leben Einzug hält.

Auch wenn ich mit diesem Buch nur einem einzigen Menschen Hoffnung und Mut erteilen konnte, so hätte es sein Ziel nicht verfehlt. Wer seinen Lebensweg mit himmlischem Vertrauen zu Gott und Jesus Christus begeht, wird diese Aura spürbar wahrnehmen. Sie erteilen uns Hilfe, wenn wir sie benötigen, Sie sind stets bei uns und unser Leben ist *niemals* hoffnungslos und leer, sondern umgeben von Vertrauen und Liebe, die uns *konstant* aufatmen lässt. Wir haben einen Beschützer, der uns Mut gibt, ob wir rege oder boykottiert sind.

Unser Heiland erteilt uns Sein Versprechen:

Und siehe, ich bin bei euch alle Tage bis an der Welt Ende (Matthäus 28, Vers 20)

Himmlisches Vertrauen

Eine Liebe, die nie endet
erteilt uns ew'gen Mut.
Sie weist auf keine Grenzen,
sie meint es mit uns gut.

Sie ist vom Herrn gegeben,
ein wahrlich gut Geschenk -
die Liebe, die nie scheitert,
ist unser Firmament.

Mit Himmlischem Vertrauen
geh'n wir aus Tag und ein,
in eine hoffnungsvolle Liebe,
sie kann auch Deine sein.

Drum lob den Herrn und spreche:
Wie lieb hab ich dich, Gott!
Ein himmlisches Vertrauen
weist mich aus aller Not.

Für heute und für immer
will ich dich loben Herr,
und preisen Deine Worte,
Du Retter für und für!